GUIDE PRATIQUE
du français parlé

5-7, rue de l'Ecole polytechnique ; 75005 Paris

http://www.librairieharmattan.com
diffusion.harmattan@wanadoo.fr
harmattan1@wanadoo.fr

ISBN : 978-2-296-05433-2
EAN : 9782296054332

JEAN-LUC BLETTON

GUIDE PRATIQUE
du français parlé

à Ouagadougou, Bamako, Porto-Novo et Lomé
(BURKINA-FASO, MALI, BÉNIN et TOGO)

L'HARMATTAN

REMERCIEMENTS

QUE SOIENT CHALEUREUSEMENT remerciés ici tous ceux grâce à qui cet ouvrage a pu voir le jour, les Burkinabè, les Maliens, les Béninois et les Togolais rencontrés çà et là lors de nos différents séjours et missions. Et nous n'oublions pas tous les amis de plus de trente ans – parmi lesquels sœur Scholastique KAFANDO, sœur Germaine BAZIN, R.P. Philippe COUDREAU (†), Augustin BANDE, Salif SOURWEMA et son Vieux – et tous ceux avec qui nous travaillons depuis plus de vingt ans. Un clin d'œil bien amical à Bernard et Barwende KIENTEGA, Jean et Catherine KABORE, Simonet et Apolline BIOKOU, le Vieux BIOKOU, Hamadoun et Maria DICKO, Paul et Laurentine NARE, abbé Joseph Mukassa SOME, Jacques PELLETIER (†), Odile ZARE, Joseph KABORE ; et aux anciennes élèves, Bibiane, Fatimata, Rebecca, Rosemonde, Salimata, Valérie, ...

Un très grand merci à Mireille PINAULT, Hélène et Élise BLETTON, pour leur contribution à cet ouvrage, à Pascal et Joëlle MIRANDA pour leur relecture attentive et soigneuse.

Une mention bien particulière à Alain NONON qui a permis la bonne réalisation technique de ce livre.

Une pensée particulière et très respectueuse à Sa Majesté Naaba YEMDE, de Koupéla (Burkina-Faso).

Jean-Luc BLETTON

Pour Stéphane, Élise et Laure, S E L *de ma vie.*
Pour ma Vieille, partie trop tôt, vraiment beaucoup trop tôt.

J-L B

AVANT-PROPOS

S'INSCRIVANT dans le quotidien africain, le « Guide pratique du français parlé à Ouagadougou, Bamako, Porto-Novo et Lomé » est simple, concret et clair. Il s'adresse à toute personne aimant la langue française, le continent africain francophone ou souhaitant le découvrir. Il est le complément naturel des romans, essais, récits et nouvelles de la littérature contemporaine africaine, tout comme celui des guides de voyages, que ce soit pour des déplacements touristiques ou purement professionnels.

S'il n'est pas un précis de linguistique, il s'adresse également aux enseignants et élèves de français comme langue étrangère (FLE).

Je continue de l'enrichir au fur et à mesure de mes missions sur place car le langage parlé évolue sans cesse. Il n'est naturellement pas exhaustif et nous sommes ouverts à vos idées et suggestions pour continuer de l'augmenter.

Jean-Luc BLETTON
Le clos de la plume
mars 2008
bletton@aol.com

« Bon Dieu! Rendez-moi Piaf, Brel, Brassens, Barbara et Gainsbourg, qui savaient faire couler leurs chansons comme autant de sources limpides, jusqu'à la plus reculée des pistes du Sahel. Là, une douce goutte de français vous tombait dans l'oreille puis sur le bout de la langue pour ne plus jamais vous quitter. Miam, ça se mange une bonne langue! »

Fatou DIOME
in Le ventre de l'Atlantique
Éd. Anne CARRIÈRE, 2003

« Elle avait une larme accrochée sur sa joue, un bijou de deuil qui restait suspendu et que Michel aurait voulu boire. Le père lui avait soufflé d'aimer l'Afrique et de jamais oublier Mama. »

Bernard GIRAUDEAU
in Les dames de nage
Éd. Métailié, 2007

CARTE DU CONTINENT AFRICAIN
SITUATION DES QUATRE PAYS CONCERNÉS

« La sagesse africaine repose sur la tradition orale. Il est essentiel de ne pas penser l'oralité à partir du règne de l'écrit pour percevoir sa grandeur propre. Nous ne connaissons presque plus rien par cœur; là où les anciens Africains connaissaient des volumes entiers, il nous faut faire un effort pour comprendre le génie de l'oralité. »

Fabrice MIDAL
in L'essentiel de la sagesse africaine
Éd. Presses du Châtelet, novembre 2007

A
comme…

« – Bonjour, ça va ?
– On prend ses marques et on s'adapte. »

Aéroport de Ouagadougou
juillet 2002

A F R I Q U E... S : forcément ! 53 pays et 950 millions d'habitants... Les Africains représentent 14 % de la population mondiale. Le continent, avec une superficie de 30 221 532 km^2, couvre 6 % de la surface terrestre et 20,3 % de la surface des terres immergées. L'Afrique s'étend sur 7 500 km d'ouest en est et 8 000 km du nord au sud. Ses côtes s'étendent sur 23 000 km de long (cf. Wikipédia).

Abomey : cette ville du Bénin, située à 135 km au nord de Cotonou, est célèbre pour son royaume et ses palais dont certains bâtiments ont été construits avec... du sang humain. Elle est également réputée pour ses bronzes.

Accidents (de la circulation) : en ville surtout ils sont extrêmement fréquents et augmentent d'année en année, sans doute du fait du nombre croissant de voitures, et de la manière très particulière et très personnelle qu'a chacun de conduire. Sur route ils sont très violents, à cause de la plus grande vitesse. Notons qu'une personne renversée par un véhicule est dite « tamponnée ».

Adjara : cet étonnant marché béninois situé à côté de Porto-Novo a lieu tous les cinq jours et est à ne pas rater lorsqu'on se rend dans la capitale du Bénin.

AFD : l'AFD (Agence française de développement), ex-CCCE (Caisse centrale de coopération économique), est un organisme parapublic français qui finance, dans les DOM (département d'outre-mer) et dans les pays en développement de gros projets.

Agriculture : la plupart des pays de l'Afrique de l'Ouest sont agricoles à 70 % ou 75 %, voire plus. Les agriculteurs sont donc très nombreux et travaillent très durement dans des conditions épouvantables qui ne permettent en général que de subsister. Par ailleurs il n'est malheureusement pas valorisant d'être paysan. À quand la multiplication d'écoles d'agriculture, pratiques et directement opérationnelles, du type du « Projet Songhaï » (cf. Songhaï) de Porto-Novo, dans toute la sous-région ?

Aguegue : les Aguegue, prononcer « Aguégué », forment une magnifique cité lacustre béninoise, située à côté de Porto-Novo, étonnante et variée, à l'accueil des habitants très chaleureux, très authentique et beaucoup moins connue, donc moins touristique que sa grande sœur, bien plus célèbre, Ganvié.

Albinos : tout comme les jumeaux, dans certaines ethnies, la naissance d'un enfant albinos est une grande joie ou, tout au contraire, une malédiction. Un griot malien (mandingue) albinos est devenu mondialement célèbre et reconnu dans son art : le chanteur Salif KEITA.

Ami (dans l'expression « Mon ami! ») **:** cette expression est de plus en plus employée actuellement, malheureusement surtout par des jeunes, dans la rue, soucieux de vous vendre absolument quelque chose.

Analphabète : si tout le monde sait qu'un analphabète est quelqu'un qui ne sait ni lire ni écrire, force est de constater que ce terme est devenu moins utilisé en Europe. En revanche, et pour des raisons parfaitement compréhensibles, il fait partie du langage courant sur le continent africain. Ce mot a de plus un deuxième sens que l'on entend maintenant pour qualifier certaines personnes, quelquefois des Blancs, mal dégrossis, sans grand intérêt et peu fréquentables. Deux de ses équivalents usuels, en France, pourraient être les mots « beauf » ou « blanc-bec... ».

Âne : que serait le Burkina-Faso sans ses innombrables ânes (pardon, ses ânes « en pagaille »)? Il y en a effectivement beaucoup, qui rendent d'immenses services et l'on dirait qu'il y en a de plus en plus. Dans ce pays la culture attelée a été introduite avec la complicité bienveillante de ces derniers. Pendant « l'hivernage » (saison des pluies) on voit de plus en plus, pour ceux qui peuvent s'en offrir un, des paysans cultiver la terre avec un âne, en pratiquant la technique des « rayonnages » (sillons).

Âniers : combien de ces jeunes garçons sont-ils « tamponnés » (accidentés) et grièvement blessés ou tués par des voitures à la nuit tombante – et elle tombe très vite – ou dans la nuit la plus noire, parce que les charrettes dans lesquelles ils s'assoient, quand elles sont vides, ou qu'ils précèdent, quand elles sont remplies d'un chargement démesuré de bois, ne sont jamais éclairées? Comme les routes sont généralement rectilignes, les voitures roulent toujours à vive allure, même la nuit, surtout la nuit. Les conducteurs se retrouvent alors, en une fraction de seconde, avec dans leurs phares et juste à quelques mètres de leur véhicule, un ânier avec son âne et sa charrette, marchant au rythme de l'âne, c'est-à-dire... au pas. L'accident est inévitable.

Animisme : l'animisme regroupe les religions traditionnelles qui attribuent une âme à certains êtres inanimés. Elles privilégient le culte des ancêtres et des forces de la nature.

Apatam : très souvent recouvert de paille de mil, ce toit, plutôt circulaire, voire ovale, posé sur des piliers généralement en bois (quelquefois en brique ou en ciment), permet de se retrouver à l'abri du soleil ou de la pluie. Il est fréquent dans les bars / buvettes, dans les villages et dans certaines concessions. L'apatam est parfois le complément naturel ou le substitut de l'arbre à palabres.

Apprenti : il y a des apprentis partout. Le moindre atelier de mécanique en a plusieurs, au restaurant le cuisinier a les siens et jusqu'au chauffeur de taxi-brousse dont l'apprenti passe allégrement de la galerie à l'habitacle pendant que le taxi roule.

Arachides : on ne parlait pas ou peu, jusqu'ici, de « cacahuètes », jusqu'à tout récemment où ce dernier mot, apparu presque brutalement, s'entend maintenant de plus en plus souvent. Elles sont cultivées un peu partout et sont une source de revenus non négligeables pour de simples agriculteurs. On les consomme fraîches ou grillées, et dans ce dernier cas, natures, salées, sucrées ou même... aillées.

Argent : terme très fréquemment utilisé pour dire que : « Ah, en tout cas, y en n'a pas ».

Arrivée (dans l'expression « Bonne arrivée! ») : quel que soit l'endroit où vous arrivez, la formule de bienvenue sera « Bonne arrivée! » C'est la formule consacrée pour souhaiter la bienvenue à quelqu'un qui arrive en général de loin, mais pas forcément, souvent du village, voire de l'étranger.

Artisanat (artistique) : il est florissant et est devenu de grande qualité. Cessons d'y mettre une quelconque connotation hypocrite, très à la mode il y a quelques années quand certains, ou certaines, s'extasiant devant des bronzes mal réalisés, de mauvaise qualité et très mal finis, à Ouagadougou (Burkina-Faso), trouvaient qu'ils relevaient d'un « artisanat brut et authentique, véritablement extraordinaire! ».

Asecna : l'Agence pour la Sécurité de la Navigation aérienne en Afrique et à Madagascar, dont le siège est à Dakar, gère la navigation aérienne de seize pays membres.

Au revoir la France : ... et sous-entendu « bonjour l'Afrique », à propos de pneus, de voitures, de réfrigérateurs ou autres. Il s'agit là d'arrivages de produits d'occasion*. L'expression est alors : « Ce sont des pneus au revoir la France ».
**À ne pas confondre avec le substantif une « occasion » qui, en Afrique, désigne un véhicule, d'un privé ou d'une administration, lequel, passant sur votre route, vous emmènera d'un point à un autre contre rétribution au chauffeur. Cela le différencie de l'auto-stop, geste toujours gracieux. « Pour aller à Fada j'ai pris une occasion. »*

Aussi sec : c'est très vraisemblablement un simple phénomène de mode, très ponctuel, mais on entend maintenant de plus en plus, çà et là, cette expression : « Je t'appelle aussi sec. »

Aviation : ce terme est fréquemment utilisé à la place de « aéroport ». C'est ainsi qu'on va prendre son avion à l'aviation ou y poster son courrier. Et on ne peut pas parler de l'aviation sans parler des compagnies aériennes qui desservent le continent. Ce dernier est très sérieusement pénalisé par le coût des billets sur l'Europe. UTA (Union des transports aériens), compagnie fondue dans Air-France, et Air-Afrique ont longtemps été les deux compagnies principales sur l'Afrique francophone. Elles ont été progressivement rejointes par la Sabena, puis par d'autres compagnies africaines créées après Air-Afrique. Mais Air-Afrique et la Sabena ont disparu, tout comme Swissair.
Ces dernières ont réapparu sous de nouvelles appellations et avec des capitaux différents. Mais les prix pratiqués sur l'Europe, depuis l'Afrique, et sur l'Afrique, depuis l'Europe, ont souvent été et sont encore prohibitifs et injustement pénalisants. Pourquoi ? D'autres compagnies locales ont été créées et desservent Paris à un coût moindre. Souhaitons leur la pérennité. Car pourquoi dire que l'on aide le continent africain quand on pratique des prix démesurés pour le desservir, des prix qui n'ont plus cours nulle part ailleurs dans le monde ?
Maintenant sachons rendre hommage et justice à deux personnes qui ont œuvré, milité et agi avec pugnacité et efficacité – même si on ne leur a rien épargné – pour démocratiser l'aérien, en Afrique en particulier : MM. Jacques MAILLOT, ex-patron-fondateur de Nouvelles-Frontières et Maurice FREUND, patron-fondateur du Point-Mulhouse et de Naganagani (compagnie de fret), associations, sociétés ou coopératives qui ont tant fait pour la Haute-Volta et ses agriculteurs, et aujourd'hui patron-fondateur de Point-Afrique, coopérative qui rend des services incommensurables en Algérie, au Bénin, au Burkina-Faso, en Libye, au Mali, en Mauritanie, au Niger et au Togo.

Avion par terre : au Burkina ce terme concerne un modèle d'une nouvelle marque asiatique de cyclomoteurs, ressemblant beaucoup à celui d'une autre marque, mais bien moins cher que ce dernier. Il est réputé pour « filer » vite, sans doute trop vite, est paraît-il relativement léger, ce qui fait que l'on se retrouve très facilement par terre.

B
comme…

Amadou Hampâté Bâ : il y aurait beaucoup à écrire sur cet extraordinaire « sage » malien que l'Afrique sait enfanter. Ce merveilleux écrivain a laissé plusieurs livres de référence (*L'Empire peul du Macina, Vie et enseignement de Tierno Bokar, Jésus vu par un musulman, Amkoullel l'enfant peul, Oui mon Commandant!*). S'il n'y avait qu'une phrase à retenir de lui – et rendons lui hommage en précisant bien qu'elle est de lui et pas de Confucius –, ce serait celle-ci : « En Afrique, quand un vieillard meurt, c'est une bibliothèque qui disparaît. »

Bâché ou Bâchée : de genre masculin ou féminin, traditionnellement il s'agissait d'une Peugeot, 403, puis 404 et enfin 504. Sur une base d'un véhicule « plateau », avec une plate-forme située juste après la cabine, était installée, sur ce plateau et par-dessus une structure, soit en bois, soit en métal, une bâche en tissu. Ces « bâchées », véhicules très robustes, ont longtemps représenté, et pour plusieurs générations, les taxis-brousse de l'Afrique francophone et parfois anglophone, avant l'apparition, relativement récente, des compagnies de transport de voyageurs en cars. Il en reste encore quelques unes que les propriétaires bichonnent jalousement. Leur solidité à toute épreuve permettait de transporter toute sorte de matériaux, de voyageurs, ou / et d'animaux. Peugeot ayant arrêté leur fabrication, ces « plateaux » sont maintenant... japonais (Toyota).

Balafon : ce magnifique instrument de musique à percussion, en bois, est l'ancêtre du xylophone. Il en existe de toutes les tailles, du tout petit pour touriste au très grand, réservé au professionnel.

Bamako : capitale du Mali. Comme beaucoup de capitales africaines, Bamako vit depuis une vingtaine d'années un développement gigantesque, avec de nouveaux quartiers lotis. Le fleuve Niger qui la traverse lui donne beaucoup de fraîcheur et est bordé çà et là de merveilleux sites de maraîchage. De plus Bamako a la particularité d'avoir gardé de très beaux monuments, souvent même en banco, comme le palais de justice.

Banco : les briques en banco sont des briques en terre crue, séchées au soleil. Elles sont fabriquées un peu partout, dès lors qu'il y a de l'eau.

Il existe également le « banco amélioré » : à la terre est ajoutée une certaine proportion de ciment. Il est indéniable de constater que, lorsqu'ils peuvent se les offrir, les Africains préfèrent les constructions « en dur », c'est-à-dire en ciment (ne serait-ce que parce que celles-ci ne nécessitent pas – à la différence de celles en banco – une réfection importante à l'issue de la saison des pluies). Le banco devient alors le matériau de ceux qui ont peu de moyens, d'où, parfois, une situation peu valorisante et parfois gênante, voire honteuse, pour le propriétaire du bâtiment ou de la case. Ce qui est tout à fait à l'opposé de ce qui est en train de se passer en France où, dans le cadre de l'éco-construction, les briques en terre crue et le torchis sont en passe de devenir (tout comme le bois et les peintures à la chaux) ce qu'il y a de plus chic et tendance en matière de construction ou de rénovation de l'habitat...

Barrage : dans les pays sahéliens, un barrage bien rempli d'eau est un vrai bonheur qui réjouit, apaise et rassure les populations, surtout pendant la saison sèche. En revanche, asséché, il rappelle tous les jours à chacun, en l'aggravant, l'extrême dureté des conditions climatiques, que l'on pourrait faire mine d'oublier.

Bâton : les « bâtons » s'achètent le plus souvent à l'unité, à un « tablier » (cf. Tablier). Il s'agit de cigarettes.

Beau : on entend fréquemment, au détour de la conversation : « Paul, c'est mon beau ». Il faut alors comprendre beau-frère, beau-père, voire beau-fils.

Béchir Ben Yahmed : le fondateur du groupe Jeune-Afrique vient d'annoncer qu'il allait passer la main. Ça fait penser à certains présidents africains qui quittent d'eux-mêmes le pouvoir. Bravo !

Bénévolat : nous sommes, et avec regret, catégorique aujourd'hui. Au sens où nous le définissons (« service assuré par une personne, sans y être obligée, sans en tirer profit, à titre gracieux »), le bénévolat n'existe pas, dans cette acception, dans la mentalité africaine de l'Afrique de l'Ouest francophone subsaharienne et / ou nous ne l'avons pas encore rencontré. En tout cas nous n'y croyons pas, ou plus. Pour être encore plus précis, nous ajouterons que ça n'empêche pas d'être scrupuleusement honnête, intègre et d'une parfaite et irréprochable probité. Mais ce terme est tout de même employé. Sa définition et son concept ont sans doute un autre sens qui pourrait paraître parallèle à celui que nous lui donnons (cf. Développement).

Bénin : l'ex-Dahomey (jusqu'en novembre 1975), longtemps qualifié de « quartier latin » de l'Afrique – il ne le serait plus beaucoup aujourd'hui – est quelquefois confondu avec son voisin le Togo (et vice versa). L'alternance politique, grâce à une démocratie véritablement rétablie, s'y est déjà déroulée plusieurs fois. Notons que la capitale du Bénin est Porto-Novo et non Cotonou, comme beaucoup le croient, qui, elle, est la capitale économique. Le Bénin a une superficie de 113 000 km^2 et une population de 7,5 millions d'habitants. Schématiquement le pays peut être découpé en trois zones géographiques, le sud, le centre et le nord dans lesquelles les climats sont quelque peu différents, tout comme les ethnies (une quarantaine). Le Bénin est une bande verticale de 700 km de haut, d'une largeur de 125 km sur la côte à 325 km au nord, à hauteur de Tanguiéta, dont la base est bordée par l'océan Atlantique. Le pays dispose d'un port en eau profonde à Cotonou. Cette capitale économique est très polluée par les gaz d'échappement des voitures et des innombrables « zemidjans », ces taxi-motos très pratiques pour se déplacer en ville. Par ailleurs c'est au Bénin qu'est née certainement la plus ancienne religion animiste africaine, le vodun (vaudou). Ses prêtres sont appelés des féticheurs. 62 % des Béninois sont animistes. Le Bénin est entouré par le Togo, le Burkina-Faso, le Niger et le Nigéria. Il est actuellement dirigé par le président Boni YAYI, lequel a succédé au président KEREKOU lors des élections présidentielles du 19 mars 2006.

Bic (publicité bien gracieuse) : quelle merveilleuse invention de M. BIRO que le stylo à bille ! Et quelle fabuleuse commercialisation mondiale par la famille BICH ! En tout cas, en Afrique, le « Bic » est partout et à un prix modéré. Par extension et comme rançon de sa gloire, tout stylo à bille est devenu un simple bic.

Poulet-bicyclette : tous les poulets grillés que l'on mange au Burkina sont des poulets-bicyclette. Comme ils sont élevés dans la nature, ils marchent beaucoup et ont les cuisses bien musclées ; celles-ci ressemblent aux mollets des cyclistes… Mais depuis quelque temps des rôtissoires vitrées apparaissent çà et là. Du coup l'on peut trouver et manger des poulets-bicyclette « télévisés » ! Quant aux bicyclettes, si le Burkina est un petit paradis pour les deux-roues, celles-ci y sont très nombreuses mais ce terme est rarement utilisé. On lui préfère de beaucoup celui de « vélo ».

Bière : brassée sur place, dans chaque pays, portant généralement un nom associé au nom de ce pays, elle se présente le plus fréquemment en bouteille de 66 cl. Elle est délicieuse et titre entre 4° et 5°. Elle coule normalement à flot et la pénurie – à la différence de l'essence – est très rare. Au Bénin, pour commander une « Béninoise », il est fréquent d'entendre préciser, avec l'effet assuré, « en bouteille, pas en pagne ». À Niamey (Niger), la bière locale était encore appelée, non sans humour, une « conjoncture ».

BIOKOU Salomon : il serait nécessaire de consacrer un livre entier à la vie de ce centenaire franco-béninois, président du Conseil des Sages de Porto-Novo... Pour faire court disons qu'il est un vrai « sage », rempli d'expériences multiples dont il sait tirer la quintessence, toujours pleine de bon sens. Le « Vieux BIOKOU » est consulté par tout le monde, à qui il prodigue bien volontiers et dans la bonne humeur des conseils très éclairés. Le rencontrer est toujours pour nous un honneur et un immense bonheur. La France lui a décerné la croix de la Légion d'honneur.

BIOKOU Simonet : fils du précédent, BIOKOU Salomon, Simonet BIOKOU est un « artiste-ferraille ». Ses sculptures sont réalisées à partir de pièces de récupération, très souvent de voitures. Réclamé et invité un peu partout, Simonet parcourt l'Afrique, l'Europe et maintenant les États-Unis d'Amérique, pour exposer ses œuvres et pour former d'autres artistes. Ses sculptures représentent fréquemment des personnages de la vie quotidienne qui ne laissent jamais indifférents. Certaines sont réalisées à l'échelle 1 (grandeur). Sachant toujours communiquer sa bonne humeur, d'une extrême simplicité et vivant de son talent, Simonet exporte une très belle image rayonnante du Bénin. Le Vieux BIOKOU peut en être fier, à juste titre.

Bissap : boisson délicieuse, ayant un peu le goût et la couleur de la grenadine, fabriquée à notre connaissance que par des femmes et vendue comme appoint financier du ménage, dans des sachets en plastique. Elle est élaborée à partir d'une plante que les gens nomment « oseille ». En fait le bissap, ou *carcadé* est une boisson préparée à partir des fleurs de l'*hibiscus sabdariffa* (ou Oseille de Guinée), plante herbacée de la famille des *malvacées.*

Blanc : il s'agit le plus souvent de l'Européen. Si ce terme concerne aussi les Américains blancs et tous les autres de cette même couleur, ceux-ci sont plus volontiers appelés, tout simplement, les « Américains » (chose curieuse, un « américain », en terme d'outil, est un tournevis cruciforme…).

Bobo-Dioulasso : c'est la capitale économique et la deuxième ville du Burkina-Faso. Une des particularités majeures de Bobo, hormis son cadre très agréable, essentiellement dû à un climat bien différent de celui de Ouagadougou (la capitale administrative) est, que par principe, les Bobolais (habitants de Bobo) ne sont jamais – ou pour ainsi dire jamais – d'accord avec les décisions prises à Ouaga. Ce qui ne veut nullement dire que la loi n'y est ni respectée ni appliquée. Mais Bobo a ce petit côté frondeur original, pas du tout méchant et somme toute quand même bien sympathique.

Bœufs : le Burkina est un pays d'élevage (bovins, ovins et caprins) qui, traditionnellement, exporte beaucoup, principalement ses bœufs, vers la Côte-d'Ivoire. Ceux-ci ont la particularité de porter une bosse et de ne pas être très gras. Certains éleveurs auraient plus de mille têtes, plus préoccupés à en augmenter encore le nombre qu'à développer la qualité de beaux animaux, correctement élevés et mieux nourris. Parmi ces éleveurs, pourtant potentiellement richissimes, certains ne pourraient, à cause de cette mentalité, s'offrir qu'un simple cyclomoteur comme moyen de transport.

Boubou : les Africains rivalisent d'élégance en portant cet habit ample, si caractéristique, de couleurs et de tissus très variés. La plus belle qualité de tissu est le Basin, « super Basin ».

Bouffer : détourner de l'argent. « Celui-là, il bouffe ». Ce terme est à rapprocher du mot « mangeoire nationale » que l'on commence à lire çà et là dans des magazines traitant du continent africain, en parlant, soit de l'État, soit du gouvernement d'un pays.

Boulangerie : il y en a partout, jusque dans le moindre petit village et c'est un grand plaisir que de pouvoir déguster une baguette bien fraîche.

Mais il demeure un problème, et de taille : l'Afrique de l'Ouest ne produit pas ou quasiment pas de blé et n'a donc pas de farine de cette céréale qu'elle doit impérativement importer, de France la plupart du temps. Le coût de cette dépendance est très important. Et si des essais ont été réalisés il y a quelques années en mélangeant à la farine de blé de la farine de mil, ceux-ci ont à notre connaissance été abandonnés, la baguette de farine de blé étant bien meilleure...

Bourses d'études : beaucoup d'étudiants africains partent (partaient ?) étudier à l'étranger grâce à ces bourses délivrées par les États des pays du Nord. Celles-ci ont longtemps été utilisées par les pays les octroyant comme moyen de pression politique pour remercier un pays du Sud (en en augmentant le nombre) ou pour le sanctionner (en les réduisant). On ne peut que déplorer amèrement que, compte-tenu de la politique des visas actuellement menée par la France, de nombreux étudiants d'Afrique francophone s'envolent pour les États-Unis d'Amérique et le Canada.

Boy : en Afrique de l'Ouest ce terme n'a pas du tout la connotation péjorative qu'on lui a donnée en France. Un boy exerce un métier très respectable et reconnu, auquel on accole bien souvent le mot « cuisinier ». Un boy-cuisinier exerce dans pratiquement toutes les familles.

BP : en Afrique il est très rare d'habiter 10, rue X. L'adresse de chacun est une BP (boîte postale). Pour en éviter le coût de la location, beaucoup d'Africains se font envoyer leur courrier sous-couvert d'un parent ou d'un employeur.

Brasseries : en plus des bières, les brasseries mettent en bouteille les sodas et les « jus », appelés également « sucreries », ainsi que l'eau minérale.

Brasseur d'air : le brasseur d'air est un ventilateur, généralement fixé au plafond.

Bronzes : les bronziers du Burkina-Faso et ceux du Bénin sont célèbres et réalisent des œuvres remarquables. Ce métier familial se transmet de génération en génération. Celles-ci perpétuent ce savoir-faire de fonte à la cire perdue (où chaque pièce est unique) tout en l'améliorant. Il est à noter que le bronze en question est le plus fréquemment du laiton.

Brousse : dès que l'on quitte la ville on se trouve à la campagne. En Afrique cette campagne s'appelle tout simplement la brousse. La plupart du temps, pour les pays qui nous concernent, il s'agit de la savane, hormis certaines forêts (de Côte-d'Ivoire) du Togo et du Bénin, comme par exemple celles de tecks. N'oublions cependant pas le désert, comme au Nord du Mali, du Burkina-Faso (et du Niger).

Bureau : en plus de leur(s) femme(s) légitime(s) les hommes ont fréquemment un deuxième ou troisième bureau, voire plus, qu'ils entretiennent plus ou moins bien, en fonction de leurs moyens financiers et de leurs attachements affectifs du moment. Si cette situation n'a rien de propre au continent africain, en revanche le terme l'est et est très souvent utilisé, notamment par certains médias qui se régalent à raconter des histoires souvent savoureuses.

BURKINA-FASO : le Burkina-Faso, qui se prononce « Bourkina-Fasso » et signifie « la patrie des hommes intègres » est l'ancienne Haute-Volta (jusqu'au 4 août 1984). Les habitants, composés d'une soixantaine d'ethnies, s'appellent les Burkinabè (« e » accent grave et nom et adjectif invariables). La capitale est Ouagadougou, ville qui s'étendrait aujourd'hui sur 30 km du nord au sud et autant d'ouest en est. D'une surface de 274 200 km² le pays compte presque quatorze millions d'habitants dont 53% sont animistes, 36 % musulmans et 11% chrétiens. De 1932 à 1947 la Haute-Volta a été partagée entre la Côte-d'Ivoire, le Niger et le Soudan français (aujourd'hui Mali). Les Voltaïques composaient une grande partie des tirailleurs... « sénégalais ». Le 4 août 1983, le bouillant ex-Premier ministre, le capitaine Thomas SANKARA prend le pouvoir et le gardera jusqu'au 15 octobre 1987, jour où il sera assassiné lors d'un nouveau coup d'État. Pendant cette époque révolutionnaire, la Haute-Volta deviendra le Burkina-Faso et changera d'hymne national, de drapeau et de devise. Le pays comporte deux saisons : une sèche qui va d'octobre à mai (huit mois!) et la saison des pluies, dite « hivernage », qui va de juin à septembre. Le Burkina-Faso est entouré par la Côte-d'Ivoire, le Mali, le Niger, le Bénin, le Togo et le Ghana. Il n'y a donc pas de mer... et il n'est pas prévu qu'il y en ait une dans l'immédiat!

Buvette : il y en a partout, même dans le moindre petit village de brousse, et c'est très heureux comme ça. Et où il n'y a pas d'électricité, les glacières, avec leurs barres de glace jouent parfaitement leur rôle; un rôle salutaire. Dans le cas contraire nous vous recommandons tout particulièrement la bière tiède, voire chaude, qui vous fera passer, à vie, l'envie d'en boire une autre... Ne pas confondre une buvette avec une « cave », dépôt de boissons pour revendeurs. Il s'agit là de grossistes ou demi-grossistes et il n'y a rien à boire!

C
comme…

C'est comment? : à cette simple et bien fréquente question, la réponse la plus naturelle est de donner son nom.

Cadeau : « Y a pas un petit cadeau pour moi? » Cette question est fréquemment posée, et par tout le monde. À chacun d'y répondre comme il l'entend. Qu'il nous soit tout de même permis de conseiller à ceux qui veulent absolument donner, ou qui « craquent », de toujours le faire par le biais d'une association qui a pignon sur rue. Celles-ci sont sur place depuis plusieurs années et connaissent particulièrement bien les besoins des populations. Elles sont d'autre part suffisamment nombreuses et d'objets multiples pour pouvoir permettre de parfaitement cibler le ou les destinataires de ce « cadeau ».

Cafard (blatte ou cancrelat) : cet inoffensif insecte, de l'ordre des *dictyoptères,* qui souffre d'une très mauvaise réputation et court très vite, se rencontre un peu partout en Afrique de l'Ouest. Mais il est tout à fait exact qu'il n'y a pas besoin d'aller là-bas pour le rencontrer.

Café : dans les innombrables buvettes en tôles qui bordent les rues en ville, on peut, toute la journée, mais surtout le matin pour le petit déjeuner, déguster un café en poudre soluble « Nescafé ». Si vous le souhaitez sans lait concentré sucré, il vous suffit de commander « un simple ». La manière (gestes et dextérité) dont la personne vous le prépare jusqu'à vous le servir, relève quasiment d'un rite scrupuleusement respecté, qui rappelle un peu, ailleurs, celui du thé à la menthe.

Caïcédrats : ces magnifiques et immenses arbres, dont certains sont centenaires, sont de toute beauté et apportent une ombre salutaire inestimable. Ils ont souvent été plantés le long des routes à l'entrée et à la sortie des villes. On ne peut que regretter ceux qui bordaient de part et d'autre la route qui entre dans Bobo-Dioulasso (Burkina-Faso), lorsqu'on arrive de Ouagadougou, abattus il y a quelques années afin d'élargir ladite route.

Caïmans : au risque de décevoir ceux qui le croient encore et l'écrivent sur de grandes pancartes – très souvent accolés au mot « sacrés » –, et dans la plupart des guides touristiques, *il n'existe pas de caïmans en Afrique !* Il s'agit en fait de crocodiles, terme pourtant bien « africain ».

Caleçon : le mot slip n'est quasiment pas usité et, quand il l'est, prête beaucoup à sourire.

Can-can-can : épices multiples, présentées sous forme de poudre, plus ou moins dosées en piment, censées donner une certaine vigueur aux hommes et le plus souvent vendues dans des petites boîtes de « Nescafé » (publicité gracieuse) en fer blanc. Madame Odile parcourt à pied Ouaga, de buvette en buvette, pour vendre, avec le sourire, son Can-can-can. Connue de la plupart des Ouagalais, elle est souvent guettée et attendue de pied ferme par ces derniers.

Capable : ce mot dans l'expression « mon mari est capable ». Un « mon mari est capable » est un cyclomoteur (« Yamaha-dame ») que les hommes offrent à leur femme. Cette expression se rencontre indifféremment au Burkina et au Bénin. Voir également à Y, « Yamaha-dame » (publicité gracieuse).

Capitaine (1) **:** le capitaine est un des plus fameux poissons que l'on pêche en Afrique. C'est tout à la fois un poisson de mer et d'eau douce, à la chair tendre et au goût délicieux, rappelant quelque peu la daurade. Il peut atteindre des tailles respectables.
Capitaine (2) **:** ce grade est prestigieux en Afrique de l'Ouest, particulièrement au Burkina-Faso où plusieurs de ces capitaines y prirent le pouvoir et instituèrent un gouvernement révolutionnaire dirigé par le capitaine Thomas SANKARA. Tout récemment un Burkinabè nous expliquait qu'il était préférable d'être capitaine plutôt que commandant et colonel plutôt que général, parce que ces deux grades « sonnaient bien mieux » et étaient « plus valorisants... ».

Capote : avec les ravages que cause le sida, l'on rencontre un peu partout des publicités pour la marque de préservatifs « Prudence » (publicité gracieuse) et beaucoup de slogans vantent çà et là les multiples mérites de la « capote », du « préservatif » ou du « condom ».

Carburant : le mot essence est en effet rarement employé. Pas toujours de très bonne qualité, il est incontournable du quotidien africain, essentiellement à cause de la variation de son prix. Les transports et les voyages étant le lot quotidien des Africains, une pénurie de celui-ci crée des problèmes insurmontables et des queues inimaginables, voire parfois des émeutes. Compte tenu de son coût, le carburant (gazole, super ou ordinaire) est très souvent acheté litre par litre ou par son équivalent en francs CFA (cf. CFA) : 500 FCFA, 1 000 F, 2 000 F, 3 000 F, 4 000 F, 5 000 F ou plus (= 0,76 euro, 1,52 euro, 3,40 euros, 4,56 euros, 6,08 euros, 7,60 euros).

Pré carré français : l'on en entendait beaucoup parler il y a quelques années. Il s'agissait alors des pays où la France était historiquement, culturellement et politiquement influente. Les relations internationales et politiques ayant évolué, ce cercle (« carré »!) de pays amis s'est agrandi pour s'ouvrir à certains pays lusophones et hispanophones. L'ensemble s'appelle aujourd'hui les pays de la « zone champ ».

Case : ce terme est employé aussi bien pour désigner une simple maison traditionnelle, ronde ou rectangulaire en « banco » (briques de terre crue), que pour une beaucoup plus grande et « en dur » (parpaings et ciment). La taille au-dessus devient une « villa ».

Cathédrale : l'architecture de la cathédrale de Ouagadougou (Burkina-Faso), avec les bâtiments de l'ex-évêché, construits en briques rouges, méritent à coup sûr le détour.

Cauris : ces petits coquillages ovales et fendus d'un côté sur toute leur longueur qui composent aujourd'hui nombre de bijoux (colliers, bracelets), servaient autrefois de monnaie. Certaines personnes les utilisent pour prédire l'avenir ; elles « lisent dans les cauris ».

CCF : rien à voir avec une célèbre ex-banque française. Il s'agit tout simplement du Centre culturel français, présent dans la plupart des capitales, ainsi que dans certaines grandes villes des pays francophones.

Cellulaire : terme très fréquemment employé au Bénin où l'on ne parle pas beaucoup de téléphone portable. Le mot en impose beaucoup plus et conforte son utilisateur dans un standing certain et reconnu.

CFA (Communauté financière africaine) : le franc CFA, si décrié par certains, est la monnaie la plus recherchée par les ressortissants d'Afrique de l'Ouest et centrale qui n'appartiennent pas à la zone franc. Il est à parité fixe avec le franc français. Après avoir été dévalué de 50 % en 1994, pour valoir alors 1 FCFA = 0,01 FRF (soit 100 FCFA = 1 FRF),

1 FCFA vaut maintenant 0,0015 euro (1 000 FCFA = 1, 52 euro et 1 euro = 656 FCFA). Il y a quelques années le Mali exprima l'envie de quitter la zone franc ; ce qu'il fit. Il n'eut de cesse ensuite de vouloir la réintégrer au plus vite, la création du franc malien (1962) ayant correspondu à une dévaluation de fait de 100 %. Les autres pays de la zone franc surent lui faire attendre comme il se doit la réintégration qu'il réclamait, en vain. C'est aujourd'hui chose faite (en 1984) mais beaucoup de Maliens n'ont pas du tout oublié la période désastreuse de l'ex-nouvelle monnaie nationale. Il est à noter que le dernier pays à avoir intégré la zone franc est un pays hispanophone : la Guinée équatoriale.

Chaleur : la chaleur est indissociable de l'Afrique; ce qui n'empêche pas d'avoir des nuits parfois bien fraîches dans certains endroits et à certaines époques.

Charognards : on rencontre ces vautours, peu ragoûtants, un peu partout. Certains des plus célèbres se trouvaient sur le toit du grand marché de Ouaga, avant que ce dernier ne brûle, fin mai 2003. Gageons qu'ils seront de retour aussitôt le marché réouvert. Ne négligeons pas le rôle éminemment utile que ces oiseaux jouent : celui d'éboueurs.

Chefs, chefferie : la chefferie, et donc les chefs coutumiers, sont toujours d'une grande actualité, consultés, écoutés et respectés. Au Burkina-Faso, l'empereur des Mossi (ethnie majoritaire), Sa Majesté le Mogho Naba (prononcer « Moro-Naba »), est entouré de ses ministres et est régulièrement consulté, pas seulement par ses « simples » sujets.

Chemin (demander le) : demander le chemin (ou la route) signifie que vous demandez poliment à prendre congé des personnes qui vous reçoivent. « Je vais maintenant demander le chemin ».

Chose là : dans la conversation ce terme remplace fréquemment un mot que l'on cherche et qui ne vient pas, au moment où l'on en a besoin.

Cinq-cinq : « – Comment ça va ? – 5 / 5 » (= tout va très bien).

Circulation : si dans les pays francophones de la sous-région on roule à droite, il faut remarquer qu'au Burkina, pays paraît-il premier au monde après la Chine pour sa concentration de deux-roues par rapport à sa population, on roule plutôt au centre, voire centre droit. En effet, et sauf piste cyclable dûment matérialisée, la partie droite de la chaussée est réservée aux innombrables bicyclettes, cyclomoteurs, motos, charrettes et chariots en tout genre.

Climatisé : dans certaines maisons (qui ont l'électricité), les hôtels, les chambres sont, soit « ventilées », soit « climatisées ». Les chambres « ventilées » comportent un « brasseur d'air » (ou ventilateur), les autres ont un climatiseur (qui peut rafraîchir plus ou moins bien, selon son âge et son entretien...). Dans ce cas on parle de plus en plus de « splits », climatiseurs de nouvelle conception, très performants, moins volumineux et, surtout, quasiment insonores.

Collage : le collage consiste en la réparation d'une chambre à air crevée (vulcanisation).

Colonisation : s'il est parfaitement reconnu que la colonisation française a pillé l'Afrique de la plupart de ses richesses, dont ses hommes (au moment des guerres mondiales), cela n'est pas encore accepté par tous les Blancs... Cette période ne s'étant terminée qu'en 1960 pour la plupart des pays, ce qui est tout récent, il est certainement encore trop tôt pour que ce fait – avéré et patent – soit entièrement et définitivement accepté. « On » nous objectera que la colonisation a aussi apporté certains bienfaits, comme les écoles et donc la scolarisation, les hôpitaux, les infrastructures routières, l'édification de certains monuments encore debout et très utilisés de nos jours, et beaucoup d'autres choses encore. D'accord, ce qui n'enlève en rien les scandaleux et inacceptables pillages cités plus haut.

Commandant de cercle : cette fonction qui date de la colonisation a changé d'appellation pour se nommer préfet ou haut-commissaire dans beaucoup de pays. Notons qu'au Burkina-Faso, il y a quelques années, des villageois ne réagissant pas à l'arrivée du préfet, il fallut leur expliquer qu'il s'agissait du commandant de cercle. Aussitôt la plupart se figèrent, comme au garde-à-vous.

Commerçant : pour l'homme de la rue le commerçant est souvent très riche. Et il l'est effectivement quand il fait de grosses affaires, notamment dans l'import-export. Ce terme est souvent utilisé avec une connotation soit péjorative, soit admirative, voire envieuse. Mais si l'on traite quelqu'un de « commerçant », il s'agira le plus souvent du premier cas.

Concession : c'est tout simplement un ensemble de cases dans lequel vit une famille. En brousse les concessions sont souvent de forme circulaire.

Connaître (dans le sens de savoir) : il est fréquent d'entendre ces expressions : « Je ne connais pas lire, écrire » ou « je ne connais pas conduire ».

Correctement : une action à réaliser doit l'être « correctement ». Le mot est également très souvent utilisé comme interjection pour ponctuer une phrase ou acquiescer (= parfaitement).

Côte-d'Ivoire : si nous ne traitons pas à proprement parler de ce pays dans ce livre, force est de constater que bien des expressions citées ici s'y retrouvent. Mais la Côte-d'Ivoire, « poumon de l'Afrique de l'Ouest »,

est réellement un pays à part, par le rayonnement et l'influence qu'il a sur les pays limitrophes. Rappelons qu'environ deux à trois millions de Burkinabè y vivent (vivaient, avant les tristes derniers événements), et, pour certains, depuis plusieurs générations. Ce phénomène est essentiellement dû à la politique pratiquée par le premier président de la République indépendante, le président Félix HOUPHOUËT-BOIGNY. Il encourageait tout Africain à venir travailler et s'installer en Côte-d'Ivoire pour œuvrer à un développement prospère du pays. Beaucoup ont répondu présent.
La Côte-d'Ivoire a pour capitale Yamoussoukro depuis le 21 mars 1983, ville natale (alors village) du président HOUPHOUËT-BOIGNY. La capitale économique est Abidjan, l'ancienne capitale, qui bénéficie en plus d'un port. La superficie du pays est de 322 462 km^2 et s'étend sur 600 km du nord au sud et sur un peu plus de 500 km d'ouest en est. La population actuelle, d'une soixantaine d'ethnies, a dépassé les 17 millions d'habitants ; elle est composée de 65 % d'animistes, de 23 % de musulmans et de 12 % de catholiques.
Les plus grosses productions exportées du pays sont le café et le cacao (ex-premier producteur mondial). À Yamoussoukro, le 10 septembre 1989 a été inaugurée et bénie par le pape Jean-Paul II la basilique Notre-Dame de la Paix, réplique exacte de Saint-Pierre de Rome, construite sur fonds « propres » du président HOUPHOUËT-BOIGNY.
La Côte-d'Ivoire est entourée par le Libéria, la Guinée (Conakry), le Mali, le Burkina-Faso, et le Ghana.

Cotonou : cette ville n'est pas la capitale du Bénin, laquelle est Porto-Novo. Cependant cette très fréquente confusion est due au fait que c'est à Cotonou que se situent l'aéroport, la présidence de la République, les ministères et les ambassades, le grand marché, ...
Cotonou est une grande ville très polluée par les gaz d'échappement. À certaines périodes de l'année il flotte en ville comme un gros brouillard irrespirable, dû aux échappements des voitures et des très nombreux taxi-motos.

Coup d'État : le continent africain a habitué le reste du monde à des coups d'État à répétition depuis des décennies. Les médias se sont emparés de ce terme jusqu'à en faire un des plus fameux clichés « copier-coller » à l'Afrique. Fort heureusement, et pour le bonheur de tous, et surtout des Africains qui les ont subis (ou les subissent encore), ceux-là ont tendance à disparaître. En revanche l'Afrique francophone est encore confrontée ponctuellement à certains chefs d'État qui ne veulent pas décrocher, après plusieurs longues décennies de pouvoir...

Cour : dès sa naissance l'enfant passe toute sa jeunesse dans la cour de ses parents. D'autres familles y vivent également et les enfants passent ainsi de nombreuses années ensemble, tels des frères et sœurs. C'est ainsi que l'on rencontre fréquemment des gens qui se disent frères parce qu'ils ont été élevés ensemble, dans la même cour. « Adama ? Il est de ma cour ».

Cuisinier : en Afrique, la plupart des familles ont un cuisinier, tout comme très souvent, un gardien (voire deux, un de nuit, un de jour). C'est un métier très respectable, plutôt masculin, qui permet de faire vivre une famille souvent composée de dix à vingt personnes et parfois plus. Dans une bien moindre mesure tout de même, le « chauffeur » s'en rapproche.

Cultiver : que ce terme est important dans des pays agricoles à plus de 85 % ! Les paysans cultivent pendant « l'hivernage », c'est-à-dire la saison des pluies, laquelle court, en gros, de juin à septembre. Mais certains, grâce à une irrigation adaptée, pratiquent des cultures de contre-saison. Le maraîchage se développe beaucoup, aussitôt que la possibilité d'avoir de l'eau existe.

D
comme…

Daba : instrument aratoire, au manche très court, la daba est la petite sœur de notre binette, imposant à l'utilisateur/utilisatrice d'avoir le dos cassé en deux, dans les champs.
Une association, portant le nom de cet outil, nous dit que « la daba est un obstacle à une modernité nécessaire de l'Afrique. [...] nous voudrions pouvoir aider ceux des Africains qui l'ont compris à la faire passer dans la mentalité collective du rang d'instrument de travail à celui de symbole. » (cf. assodaba.free.fr).

Dahomey : le Dahomey est l'ancien nom du Bénin, jusqu'en 1975.

Dakar (capitale du Sénégal) : même si le Sénégal n'est pas directement traité ici, rappelons qu'il est entouré par la Mauritanie, le Mali, la Guinée (Conakry) et la Guinée-Bissau. Est enclavée dans le Sénégal avec un débouché sur la mer, la Gambie dont la capitale est Banjul.

Dates : lorsqu'on voyage dans un pays africain, qu'on lit la presse locale, il faut être un observateur averti de la vie sociale et politique du pays, de son histoire et de son/ses président(s). Chaque événement qui ponctue la vie quotidienne de ce dernier peut donner lieu à une fête à laquelle toute la population est spontanément conviée. Et comme on aime souhaiter les anniversaires, les dates de ces événements marquants pour le pays reviennent et sont souhaitées chaque année. De plus elles permettent au président d'imprimer sa marque au pays. C'est ainsi que des fêtes locales ou certains monuments portent des noms de dates anniversaires en tout genre dont le visiteur ne comprend pas forcément toute la pleine signification, le plus souvent politique. Ex. : Hôtel du 2 Février ou Hôtel du 30 Août (à Lomé, puis à Kpalimé, au Togo), Stade du 4 Août (à Ouagadougou, Burkina-Faso).

Débrouille : « – Comment ça va ? – On se débrouille ».

Déforestation : la lutte contre la déforestation fait partie des priorités bien urgentes en Afrique. Car s'il existe une déforestation « naturelle » à cause de conditions climatiques déplorables, comme l'avancée du désert qui gagne, chaque année, plusieurs kilomètres, l'autre déforestation est due aux ravages que cause l'homme. On va de plus en plus loin pour chercher du bois de chauffe (pour la cuisine). En contrepartie on ne replante quasiment rien. Et même si l'on voit çà et là des « fours améliorés » qui permettent d'avoir un bien meilleur rendement en diminuant de beaucoup la déperdition de chaleur, ceux-ci sont encore en nombre tout à fait insuffisant. Quant aux différentes replantations (d'eucalyptus par exemple), très souvent initiées et financièrement soutenues par l'Allemagne, elles ne sont pas suffisantes. Est-il besoin, par ailleurs, de citer le pillage inconsidéré et tout à fait anarchique, des

meilleures essences de la Côte-d'Ivoire, dénoncé il y a quelques années par René DUMONT (*Pour l'Afrique, j'accuse,* Plon 1986) et dont le pays, dans ce domaine, ne se remettra jamais, même si ses responsables ont un jour la sagesse tardive de reconnaître leurs erreurs? L'agronome nous dit que ces dégâts sont devenus, maintenant, complètement irréversibles!

Dégagés : dans plusieurs des pays concernés, et pour des raisons multiples, il est arrivé que de nombreux fonctionnaires soient « dégagés » de l'administration. Ces derniers se retrouvent alors en quête d'emploi.

Demander (1) : ce verbe est souvent employé dans le sens de prêter, de demander la permission et la possibilité d'emprunter. « Je demande un bic ».
Demander (2) : quémander. « Ces gens demandent beaucoup et toujours ».

Descendre : « Je descends du « service » à 18 heures nuit ». Ce qui signifie : je quitte mon travail à 18 heures. Et puisqu'on « descend » du service le soir, le matin on y « monte » pour 7 heures, 7h30 ou 8 heures.

Démerder (verbe transitif direct) : face à un problème difficile à résoudre, où que vous soyez, la réponse la plus fréquente est : « On va démerder ».

Dévaluation : en 1994 le franc CFA fut dévalué de 50%. C'est un fait incontestable, il était surévalué depuis de nombreuses années. Les acteurs africains avertis le savaient pertinemment, mais c'était ainsi et cela durait depuis un bon moment. D'aucuns disent aujourd'hui qu'il est encore surcoté et qu'il aurait fallu le dévaluer un peu plus en 1994. Soudainement tous les maux structurels africains, qu'ils soient économiques et financiers, mais aussi sociaux étaient dûs à cette dévaluation, donc... à la France. Du jour au lendemain, et sans aucune raison, tout augmenta, même les productions locales, dont les fruits et légumes. Le mécontentement populaire fut très grand, un peu partout, et toujours contre Paris, puis, pour certains, contre Bruxelles. Les autorités furent bien discrètes dans leurs explications des causes, puis du mécanisme technique d'une dévaluation auprès de leurs populations, trop heureuses que, pour une fois, les mécontentements ne leur soient pas adressés. Car si une dévaluation augmente les prix des importations, elle rend très profitables les exportations ; et ce n'est pas un pays comme la Côte-d'Ivoire, pour ne citer qu'un exemple, qui dira le contraire.

Développement (ou actions de) : ce terme est incontournable en Afrique et est quelquefois galvaudé. Avec du recul, notre expérience nous a appris que s'il est très fréquemment employé par nos partenaires, ces derniers lui donnent un sens qui nous échappe souvent, difficilement définissable, en tout cas bien différent du nôtre, mais peut-être parallèle (cf. Bénévolat).

Devise : tout pays a sa devise. En Afrique celle-ci est très souvent utilisée, et partout, tout comme les couleurs du drapeau national. Voici celles des pays qui nous concernent :

- Bénin : Fraternité, Justice, Travail ;
- Burkina-Faso : Unité, Travail, Justice ;
- Mali : Un peuple, un but, une foi ;
- Togo : Travail, Liberté, Patrie ;

et, pour mémoire :

- Côte-d'Ivoire : Union, Discipline, Travail,
- Niger : Fraternité, Travail, Progrès.

Dictateurs : il en reste malheureusement encore quelques uns sur le continent, dont certains ont, par essence, bien du mal à décrocher et que l'on qualifiait avant, d'élus « à la soviétique ». Mais, et très heureusement, depuis le début des années quatre-vingt-dix, de très belles élections, tout à fait démocratiques, se déroulent régulièrement, où l'alternance politique devient naturelle et réelle. Le Mali, le Bénin et le Sénégal en sont de très justes exemples. Rappelons qu'en 1981, le président Léopold SÉDAR-SENGHOR, du Sénégal, décidait, de son propre chef, de quitter librement le pouvoir. Ce grand amoureux de la France et de la langue française, membre de l'Académie française, s'est éteint chez lui, en Normandie, il n'y a pas si longtemps. À cette occasion ni le président, ni le Premier ministre français n'ont daigné, voulu ou pu faire le déplacement de Dakar pour ses obsèques…

Dinosaures (dictateurs) : ce sont très souvent les mêmes que les précédents.

Diplômé-sans-emploi : on entend beaucoup ces mots au Bénin où, pendant un moment, ils étaient presque devenus... une profession.

Divagation (des animaux) : ce terme est constamment utilisé, à peu près partout et par tout le monde. Les médias ne cessent de rappeler qu'il faut « lutter contre la divagation des animaux », qui est, il faut le reconnaître, l'une des plaies de l'Afrique.

Djembé : ce tambour est en plein essor, depuis quelques années, en Europe. Fabriqué selon les pays avec des essences de bois différentes, les plus recherchés, en Afrique de l'Ouest, viennent du Sénégal, du Burkina (Bobo-Dioulasso) et du Mali.

Djenné : cette ville malienne, inscrite au Patrimoine mondial par l'Unesco, eut un très grand rayonnement en Afrique aux XIIe et XIIIe siècles, dans le domaine de la santé, quand Tombouctou l'était pour la théologie. Cette ville a la particularité d'avoir sa mosquée qui serait la plus grande réalisation actuelle au monde en banco (terre crue). Cette mosquée vaut plus que le détour et est maintenant fermée aux non-musulmans pour la visite (cf. Mosquées).

Dogons : cette ethnie du Mali vivant au « pays dogon » autour de la falaise de Bandiagara est mondialement connue, réputée pour son habitat (étudié dans la plupart des écoles d'architecture), ses coutumes et ses masques.
Le Français Marcel GRIAULE (1898–1956) est l'un des ethnologues qui a le plus contribué à faire connaître les Dogons, également célèbres pour leur cosmogonie (« Récit mythique de la formation de l'univers et, souvent, de l'émergence des sociétés » in Le Petit Larousse). C'est à lui que l'on doit le développement de la culture de l'oignon à Sangha.
Le pays dogon, à l'heure où le tourisme est en plein essor en Afrique de l'Ouest, est l'une des régions parmi les plus visitées et l'un des produits-phares des tours opérateurs.

Dolo : au Burkina le dolo est la bière de mil, que l'on boit souvent tiède, dans une calebasse et dans une dolotière (lieu où elle est préparée et consommée).

Douanier : ce métier rapporte une manne financière à celui qui l'exerce, proportionnellement à la qualité du poste où il est affecté. S'il existe très certainement des douaniers africains intègres, ce doit être extrêmement difficile pour eux de le rester. L'exercice de leur métier fait qu'ils sont constamment tentés d'effectuer des « prélèvements » dans les véhicules transportant surtout des marchandises. C'est pourquoi la situation géographique du poste de douane est très importante. À certains endroits l'activité marchande est quasiment ininterrompue, de l'ouverture à la fermeture du poste douanier. Comme la plupart des chauffeurs des véhicules, voitures et camions, n'ont pas acquitté la totalité des taxes en vigueur pour les marchandises qu'ils transportent, le douanier qui les contrôle doit les verbaliser par une amende souvent conséquente. Le conducteur, après une palabre rituelle, proposera au douanier, qui fera mine de s'étonner, de transiger à une somme intermédiaire.
Prenons un exemple purement théorique et hypothétique : un chauffeur enlève un chargement d'un point A, pour aller le livrer dans un pays voisin au point B, en « oubliant » d'acquitter les 500 000 FCFA (= environ 750 euros) de taxes correspondant à l'application de la loi en

vigueur pour ce chargement donné. Au poste douanier, s'il est contrôlé, le douanier, ou le policier, constatant que les taxes n'ont pas été acquittées au préalable, va dresser une amende qui peut par exemple se monter à 500 000 FCFA (= 750 euros). Le montant total dû s'élève alors à un million de FCFA (= 1 500 euros). C'est là que démarre alors une discussion qui peut durer longtemps, véritable négociation commerciale où, au final, une somme sera arrêtée. Son montant peut énormément varier en fonction des arguments de chacun, de connaissances ou d'amis communs que les deux parties peuvent se découvrir ou d'éventuels liens familiaux. Car de toute manière il faudra s'entendre. Souvent même le temps presse car d'autres véhicules, voitures ou camions, se sont gentiment garés en file indienne derrière et attendent, patiemment et sagement, leur tour, souvent pendant de très longs moments, qui peuvent prendre plusieurs heures.
Toujours par hypothèse, mettons que la « transaction » s'élève, tout compris, à 300 000 FCFA (450 euros), le transporteur aura « économisé » 200 000 FCFA (300 euros) sur la somme initiale de 500 000 FCFA et 700 000 FCFA (1 050 euros) s'il avait acquitté l'amende en plus. Le douanier, ou le policier, aura « gagné », net, la somme de 300 000 FCFA (450 euros) ! Et c'est une somme énorme, même s'il faut impérativement reverser la plus grosse part aux différents supérieurs. Tout le monde y gagne. Tout le monde? Oui, sauf... l'État, qui, connaissant parfaitement ces pratiques ancestrales, en profite pour payer très chichement ses fonctionnaires; à moins que ce ne soit le contraire : étant peu payés, ils se « rétribuent » sur les autres.
Pour être plus complet notons tout de même que les meilleurs postes douaniers se trouvent dans les ports... Et pour être encore plus complet, redisons qu'il existe très certainement des douaniers et des policiers parfaitement intègres, irréprochables et incorruptibles.

René DUMONT : il est impossible de parler de l'Afrique sans évoquer la mémoire de cet homme extraordinaire, disparu il n'y a pas si longtemps, et que l'on appelait « l'agronome de la faim ». Depuis son fameux livre prémonitoire paru en 1962 *L'Afrique noire est mal partie* (Éditions Le Seuil) René DUMONT n'a cessé de dénoncer ce qui n'allait pas en Afrique, tout en proposant à chaque fois des solutions concrètes. Il était constamment sur le terrain, parcourant véritablement le monde entier,

où il était appelé très fréquemment par les gouvernants qui sollicitaient ses conseils, quitte à ne jamais les appliquer par la suite. La parution de son livre *L'Afrique noire est mal partie* fit grand bruit à l'époque et déplut à beaucoup, entre autres pour une simple raison que l'on a depuis bien oubliée : en 1962 l'Afrique noire ne se portait pas si mal. Le continent qui causait le plus de soucis pour son devenir était surtout l'Asie, et tout particulièrement un pays, l'Inde, à qui les meilleurs « experts » de l'époque ne prédisaient pas un avenir réjouissant. René DUMONT eut le tort d'avoir presque toujours raison, et avant tout le monde, sa vie durant. Il allait à l'essentiel et ça faisait toujours mal, même si ce n'était pas le but. Notons que ses prédictions, exactes et vérifiées par tous, furent, longtemps après et à leur juste mesure, reconnues avec beaucoup d'humilité par deux présidents africains, les présidents HOUPHOUËT-BOIGNY, de Côte-d'Ivoire et SENGHOR, du Sénégal.
En France, candidat à la présidentielle de 1974, uniquement pour défendre une cause pour laquelle il s'est battu toute sa vie, l'écologie, et qui est aujourd'hui reconnue et acceptée presque par tout le monde – plus de trente après –, l'homme au pull-over rouge qui se déplaçait à bicyclette passa alors – pour un bon nombre d'électeurs et pour bien d'autres – pour un farfelu et fit sourire lorsque, pendant cette campagne, il montra à tous les Français à la télévision un verre d'eau en déclarant que, dans quelque temps, celle-ci deviendrait rare et chère… Quelle personne sensée, aujourd'hui, songerait à sourire à ce geste naïvement déconcertant mais courageux et, surtout, prémonitoire ?

Durban : c'est dans cette ville balnéaire de la côte est d'Afrique du Sud que s'est réuni, du 8 au 10 juillet 2002, le XXXVIIIe sommet de l'OUA (Organisation de l'unité africaine) instituant l'UA (l'Union africaine) qui remplace l'OUA, après trente-neuf années d'existence.

Durer : durer est le verbe qui signifie la durée d'un séjour quelque part, au village, dans une ville donnée ou dans un autre pays. « J'étais chez des parents à Abidjan. J'y ai duré un mois ».

E
comme…

Eau : elle est nécessaire et *vitale!* Qu'en dire quand, comme au Mali et au Burkina-Faso, pour ne citer que ces deux pays, il ne pleut pas pendant huit mois continus? Creuser des puits, réaliser des forages est impératif, mais coûteux. Comment faire dans ces pays qui sont parmi les plus pauvres de la planète? Imaginerait-on, une seconde, un seul pays européen qui subirait de telles conditions climatiques? En 2003 la France et une bonne partie de l'Europe ont connu trois mois de chaleur et de canicule; il n'est de voir qu'aussitôt certains demandaient le déclenchement immédiat d'un plan, type Orsec, aujourd'hui appelé plan canicule. Le continent africain est ainsi, constitué d'extrêmes – toujours excessifs –, où tout est prioritaire et où il n'y a, en fonds propres, que de très faibles et dérisoires moyens financiers. Et quand la saison des pluies arrive enfin, ce sont de plus en plus des pluies diluviennes qui ravinent le peu de bonne terre et commettent des dégâts difficilement imaginables. Combien d'agriculteurs burkinabè n'ont rien récolté du tout lors de la campagne 2003? Dans plusieurs zones géographiques du pays il y a eu trop d'eau, beaucoup trop. Et qu'en est-il des campagnes des années suivantes?

Eau-Vive : il existe deux restaurants « L'Eau-Vive » au Burkina, un à Ouaga, l'autre à Bobo-Dioulasso. Ils sont tenus par des sœurs missionnaires de différents pays qui œuvrent dans de multiples actions sociales. L'Eau-Vive est également présente en Nouvelle-Calédonie et en Angleterre. Dans la soirée le service du repas s'arrête et les convives sont invités à chanter les Ave Maria de Lourdes, face à la statue de la Vierge.

Éducation : un pays ne peut pas se développer si sa population ne sait ni lire ni écrire. Si tout est souvent prioritaire en Afrique, l'éducation par la scolarisation devrait l'être. Ce problème, très difficile, est-il irrémédiablement insurmontable ?

Élections : étapes devenues nécessaires et incontournables, mais coûteuses, utilisées par certains pouvoirs pour faire comme dans les autres pays, ou pour être bien vus des donateurs (cf. le discours du président François MITTERRAND à La Baule). De toute façon, jusqu'il n'y a pas si longtemps encore, le plus important pour le président en place, était (est encore, pour quelques uns) de conserver le pouvoir le plus longtemps possible, ce que certains ont tout à fait réussi, grâce à des élections très encadrées. On peut tout de même se poser cette simple question toute naturelle : dans quel pays peut-on conserver le pouvoir une bonne trentaine d'années consécutives, démocratiquement ? Plusieurs présidents africains, certainement férus de sciences politiques et pratiquant celles-ci avec une excellente acuité, peuvent nous l'expliquer.
Il y a eu très heureusement une rare exception, pour l'époque, en Afrique francophone. En 1978, le président Aboubacar Sangoulé LAMIZANA, de Haute-Volta (aujourd'hui Burkina-Faso), a été élu au deuxième tour des présidentielles, après un ballottage tout ce qu'il y a de plus régulier. S'en souvient-on encore ? Les médias du nord ont-ils couvert comme il le fallait ce qui était alors, dans le contexte africain des années soixante-dix, un réel « événement sans précédent » ? Le lecteur-consommateur-client doit-il toujours « découvrir », lorsqu'un papier traite du continent, les éternels clichés bien éculés et maintes fois resservis (famines, guerres ethniques, coups d'État, corruption, détournements, ...) ?
Reconnaissons également que depuis quelques années, en Afrique francophone, l'Afrique anglophone a déjà plusieurs longueurs

d'avance, certains pays vivent et pratiquent une vraie démocratie, avec une alternance politique qui honore les présidents partants, les pays concernés et tout le continent. Le Bénin, le Mali, le Sénégal en sont de parfaits exemples.

Élevage : le Burkina-Faso est un pays d'éleveurs de bovins, d'ovins et de caprins. Il exporte beaucoup ses bœufs, principalement sur la Côte-d'Ivoire.

Enfants : bébés, ils sont les rois. On les choie, la famille les entoure et les protège. Les dures réalités climatiques, sociales, économiques et politiques les obligent à grandir et devenir adultes certainement un plus rapidement qu'ailleurs. Beaucoup doivent aussi travailler jeunes ou se « débrouiller ».

Engin : un « engin » désigne un deux-roues à moteur.

Escaliers : quand la piste est une vraie « tôle ondulée » on dit que l'on roule sur des escaliers.

Esclavage : il est maintenant notoire, parfaitement établi, reconnu et accepté qu'il est un des plus grands drames de l'histoire entre le Nord et le Sud. Le continent a été vidé pendant de longues années de ses forces vives. Ces déportations innommables furent catastrophiques pour l'Afrique. Rappelons tout de même – et en rien pour dédouaner de quoi que ce soit les Blancs – que la traite négrière fut possible grâce à l'efficace et très zélée participation active de potentats bien africains attirés par le lucre. Et pour être un peu plus complet, reconnaissons que ponctuellement sont dénoncés, encore aujourd'hui, des pays africains qui pratiqueraient chez eux, avec certaines ethnies, une soumission et un esclavage indiscutables…

Esclave : si tout le monde connaît parfaitement ce mot, très utilisé à cause, entre autres, de l'île de Gorée (Sénégal) ou de la ville de Ouidah (Bénin), les Africains lettrés lui préfèrent de beaucoup le terme de « captif ».

Essence : en Afrique on emploie plutôt le mot « carburant ». Et en faisant le plein, on parle encore d'« ordinaire », qui existe toujours (et peut-être plus pour longtemps), de « super » et de « gasoil » (prononcer « gasoual »).

Ethnies : elles sont, au sein d'un même pays, extrêmement variées et nombreuses. Elles cohabitent généralement bien ensemble quand chacune reste dans son rôle, ce qui n'empêche nullement les rivalités en tout genre. Elles constituent la principale richesse de tous ces pays. Les frontières, décidées arbitrairement à la Conférence de Berlin (1884–1885), ont souvent coupé en deux la même ethnie qui se retrouve alors dans deux pays différents, comme par exemple au Nigeria et au Bénin, au Ghana et au Togo, ou au Togo et au Bénin.

Évoluer : on entend encore parfois l'expression : « Bon, maintenant on va évoluer », qui signifie tout simplement qu'on va bouger, qu'on va avancer pour continuer une activité ou en démarrer une nouvelle.

Excusez : ce terme est très fréquemment employé par les serveurs et serveuses des restaurants, avant de vous présenter votre plat ou de débarrasser votre assiette.

Experts : on en rencontre beaucoup sur le continent. Ils travaillent pour des organismes internationaux, pour certaines sociétés, pour les gouvernements ou pour les ONG (Organisation non gouvernementale).

F
comme…

Faire : « – Est-on loin du prochain village? – Non, ça fait pas dix kilomètres. » Autre variante : « – Non, ça fait pas dix minutes ». Notre expérience africaine nous permet de vous conseiller de ne pas tenir compte du tout de la réponse qui s'avère toujours fausse. Autre variante : « Quel âge a l'enfant? – Il fait pas huit ans. » Même remarque. On retrouve aussi ce type de formulation avec le verbe « valoir » (cf. Valoir).

Famille (dans l'expression « Et la famille? ») : cent fois par jour, et avec le sourire, il faut répondre (ou l'on vous répondra) qu'elle va très bien, surtout si ça n'est pas le cas, ou si, en déplacement et seul en Afrique, vous n'avez pas de nouvelles des vôtres restés en Europe depuis un certain moment. Voir également « P », dans l'expression « un peu, un peu ». Sinon il est de notoriété publique que la famille est forcément nombreuse sur le continent et il n'est pas rare que, sur un maigre revenu, vivent une bonne vingtaine de personnes. Des femmes ayant encore dix enfants et plus sont chose fréquente en Afrique de l'Ouest, bien que l'on constate depuis une bonne vingtaine d'années des changements notoires. Il en était de même en Europe il n'y a pas si longtemps quand les femmes devaient avoir dix à quinze grossesses pour avoir trois à quatre enfants viables. N'oublions tout de même pas par ailleurs qu'il n'y a toujours pas, ou quasiment pas, de retraite payée en Afrique et que les enfants sont là pour palier ce manque. Si cette famille, pour laquelle chacun a des obligations incontournables et lourdes sa vie durant, coûte très cher à entretenir, elle se doit – en principe – d'être d'une solidarité indiscutable et obligatoire (ce qui peut également avoir des effets pervers). Notons qu'au sein de la famille les enfants sont rois car choyés par l'ensemble de la communauté.

Fatalisme, ou fatalité : qu'ils soient animistes, musulmans ou chrétiens (les athées ou agnostiques seraient bien rares), les Africains sont, pour la plupart, au fond d'eux-mêmes, fatalistes. Cette marque de caractère, qui rythme leur vie, leur permet peut-être de supporter et d'endurer des conditions extrêmes, qu'elles soient climatiques, sociales ou religieuses, financières ou autres, proprement insupportables. Parmi des exemples quotidiens, un des plus criants et révoltants, le plus classique, est l'accident de voiture (un autre est la maladie). Il peut avoir fait trois morts et quatre blessés graves dans la même voiture, « c'est Dieu (ou Allah) qui l'a voulu. Il l'a décidé » entendra-t-on immanquablement. « Dieu donne la vie ; il la reprend quand il le veut ». Et tant pis si la cause est que le véhicule était chaussé de quatre pneus plus que lisses et sous gonflés et que l'un d'eux, à vive allure en général, a éclaté. Cette résignation à se réfugier dans Dieu est difficilement acceptable pour le Blanc.

Fatigué : « Ce bâché (type de voiture) là c'est le réparer fatigué » : ça ne sert à rien de le réparer, le moteur est complètement à bout. Le mot « fatigué » est presque toujours précédé d'un adjectif, d'un verbe ou d'un participe passé. « Cette chemise est lavée-fatiguée » : cette chemise est tellement usée qu'il ne sert plus à rien de la laver.

Faux-type : terme large de sens, très souvent utilisé, qualifiant une personne peu recommandable, quel que soit l'ampleur de ses méfaits. Ex. : « Alain est un faux-type... ».

Femmes : rappelons pour mémoire que nous parlons de pays agricoles à 70 %, 80 % de la population. Le professeur René DUMONT, « l'agronome de la faim », a démontré en son temps que la femme africaine, en brousse, travaillait environ 90 heures (!) par semaine, réparties entre ses nombreuses tâches ménagères et familiales, celles des champs et de son petit commerce. Inutile de dire que ces 90 heures ne sont constituées que d'activités harassantes... C'est sans commentaire.

Fespaco : ce festival international du film se déroule tous les deux ans à Ouagadougou (Burkina-Faso), alternant avec le SIAO (Salon international de l'Artisanat de Ouagadougou). Le cinéma tient une place particulière au Burkina-Faso qui est devenu le pays d'avant-garde dans ce domaine et dont les réalisateurs comme Idrissa OUEDRAOGO, par exemple, sont unanimement reconnus.

Fétiche : employé très souvent au pluriel, ce mot magique est encore bien abstrait pour le Blanc qui n'y comprend pas grand-chose, le galvaude et préfère s'en moquer. Les fétiches sont nombreux dans la plupart de ces pays, propres à chaque ethnie ou région, et tout particulièrement au

Bénin où ils sont indissociables du vaudou. « Objet ou animal auquel sont attribuées des propriétés magiques, bénéfiques » (in Le Petit Larousse).

Feuilles : billets de banque. Et de quelqu'un de très riche, on dit qu'il a... une « feuilleraie ».

Filer : « Elle file ». Parlant d'une voiture qui vient de vous dépasser, votre interlocuteur vous signifie qu'elle roule très vite.

Flaguette : Flag étant la marque d'une bière de qualité supérieure présentée en bouteilles de contenances différentes, 66 cl et 33 cl, la Flaguette concerne donc la petite Flag, celle de 33 cl.

Flamboyant : si le flamboyant n'est pas l'arbre typique de l'Afrique noire, il y pousse très bien dans certains pays et, en fleurs, c'est une véritable merveille.

FMI (Fonds monétaire international) : créé en 1944 par les accords de Bretton-woods, le FMI est incontournable sur le continent pour toute sorte de prêts et de financements auprès des gouvernements, à condition que ceux-ci se plient à ses directives libérales drastiques. Son alter ego est la Banque mondiale. Le siège de chacun se situe à New-York.

Fonctionnaires : ils jouent un rôle extrêmement important à cause de leur traitement qui tombe, normalement, tous les mois et à vie. Et nous avons vu à « famille » que sur un salaire pouvait vivre une famille d'une bonne vingtaine de personnes et souvent beaucoup plus. Par ailleurs il est à noter qu'il n'y a pas si longtemps encore, dans la plupart des pays, tout diplômé d'études supérieures était automatiquement versé dans la fonction publique, laquelle était pléthorique. Cela n'est plus le cas aujourd'hui. Certains ont même été « dégagés ».

Forage : il est plus sûr qu'un puits, pour avoir une eau de très bonne qualité tout au long de l'année, car beaucoup plus profond, une eau non polluée par les animaux. Son inconvénient majeur est qu'il est beaucoup plus coûteux à creuser que le puits.

Formation : elle est nécessaire partout, dans tous les pays. En Afrique les carences dans ce domaine sont criantes et celle-ci est notoirement insuffisante, en dépit d'une soif immense d'apprendre.

Francophonie : quelles que soient les ouvertures à de nouveaux pays, de l'est, d'Asie ou d'ailleurs, la francophonie demeure encore essentiellement à majorité africaine, par le nombre de pays concernés.

Fraudes : réputées traditionnelles sur le continent africain (mais ailleurs aussi, bien sûr) au moment des élections, elles sont régulièrement dénoncées par les partis d'opposition et parfois même par une mouvance du ou des partis au pouvoir.

Fréquenter : en Afrique de l'Ouest, quand on « fréquente », il s'agit toujours de l'école ; et cela n'a strictement rien à voir avec un garçon qui fréquente une fille ou le contraire, terme devenu quelque peu désuet en France, maintenant.

Frère ou plutôt, petit-frère ou grand-frère : le petit-frère, tout comme le grand-frère, est souvent un demi-frère, à savoir que le père ou la mère peuvent être communs mais pas les deux. Dans ce dernier cas il est presque toujours précisé : « même père, même mère ». Maintenant il se peut qu'un petit-frère n'ait aucun autre lien familial que le fait d'avoir été élevé dans la même « cour » qu'un ou qu'une autre (en Afrique l'on est d'une « cour », laquelle est entourée de cases ; au village l'ensemble s'appelle une concession). Pour ce qui est du grand-frère un point très important le distingue du petit-frère, en cela que comme aîné (chose très importante en Afrique), il a complète autorité sur le plus jeune qui ne doit jamais contester cette autorité et les décisions prises pour lui par le grand-frère. Notons également qu'un grand-frère peut aussi être un oncle maternel qui élève son neveu ; dans ce cas son autorité dépasse sans conteste celle du vrai père.

Frontières : pour la plupart arrêtées, définies et imposées lors de la conférence de Berlin (1884–1885), elles ont eu des résultats plus que discutables et qui le sont encore à l'heure actuelle. Les Africains, en général, par habitude et depuis toujours, voyagent beaucoup sur le continent. Jusqu'il n'y a pas si longtemps ils passaient à peu près facilement d'un pays à un autre, le plus souvent en taxi-brousse, sans avoir à produire une quelconque pièce d'identité. Depuis maintenant un certain nombre d'années ils sont tenus de présenter aux postes de douane et de police une carte d'identité. Les frontières ont été tracées souvent de façon arbitraire, ce qui eut pour conséquences de couper en deux une même ethnie désormais répartie sur deux pays. C'est le cas pour certaines, à cheval maintenant sur le Togo et le Ghana, le Togo et le Bénin, le Bénin et le Nigéria par exemple.

Cette notion de frontières, sur le continent, reste très souvent difficile à comprendre pour bien des personnes pour lesquelles elle demeure une histoire de Blancs. Quant aux visas, institués par exemple pour l'entrée en Europe, il y aurait beaucoup à dire (cf. Visa). La superbe chanson de Tiken Jah FAKOLY, chanteur ivoirien résidant au Mali et parcourant maintenant le monde entier, « Ouvrez les frontières » (*L'Africain* Tiken Jah FAKOLY, Barclay 2007) est criante de vérité et d'une actualité brûlante qui devrait faire bien réfléchir les Blancs. Criante de vérité – bonne à dire – sans plus d'animosité que cela, elle nous interpelle avec gentillesse et appelle une réponse concrète de notre part, à des années lumière des tests ADN décidés par la France…

« Ouvrez les frontières, ouvrez les frontières »
« Vous venez chaque année
l'été comme l'hiver
et nous on vous reçoit
toujours les bras ouverts
vous êtes ici chez vous
après tout peu importe
on veut partir alors
ouvrez-nous la porte »
« Ouvrez les frontières, ouvrez les frontières… »

Tiken Jah Fakoly « L'Africain »
2007 BARCLAY

Funérailles : à ne surtout pas confondre avec « enterrement », car ça n'a rien à voir du tout. En général quand une personne décède, elle est enterrée le lendemain. Mais il faudra ensuite économiser, ou plutôt s'endetter très lourdement, en empruntant, pour pouvoir, plusieurs années plus tard, faire les funérailles du ou de la défunte. Selon sa notoriété, ce sont plusieurs centaines de personnes, et ça dépasse fréquemment le millier, qui seront invitées aux funérailles ! Celles-ci ne manqueront pas de venir toutes, sauf cas de force majeure, comme la maladie par exemple. Ces personnes arriveront de tout le pays ainsi que des pays limitrophes. Il faudra les recevoir (les héberger) et les nourrir. Et si les loger n'est jamais un problème, les nourrir en est un car cela coûte cher, très cher. C'est pour cela que l'on attend plusieurs années afin de réunir la somme nécessaire. Et certaines personnes s'endettent pour très longtemps, quelquefois pour la vie, ou pas loin. En revanche ce rassemblement sera une grande fête joyeuse pour tout le monde, y compris pour le veuf ou la veuve. On se rappellera alors les bons moments passés avec le défunt, on redira les grandes qualités qu'il avait, bref on le célébrera dans la joie la plus fervente. Ces funérailles sont alors l'occasion de revoir des parents ou des amis, éloignés physiquement depuis longtemps.

G
comme…

Gagner : se dit d'une femme qui vient d'accoucher. « Aminata a gagné un bébé ».

Ganvié : nous sommes au Bénin. Cette célèbre cité lacustre, située entre Cotonou et Porto-Novo, est présentée dans tous les guides touristiques. Les touristes peuvent y aller. Les voyageurs préféreront les Aguegue, à côté de Porto-Novo, citée lacustre beaucoup plus authentique et naturelle, bien moins fréquentée.

Garder ? (ou garder ! ...) : où que vous gariez votre véhicule, en centre-ville surtout, la question vous est presque automatiquement posée, voire imposée (et là ce n'est plus une question, mais un ordre), par un « parqueur ». Répondre par la négative serait très malvenu. Le coût de cette garde s'élève généralement à 100 FCFA (0,15 euro), pour les véhicules, quelle que soit la durée de cette garde.

Gâté : un véhicule, un « moteur » (cyclomoteur), un « engin » (id.) sont très fréquemment « gâtés ». En fait, et pour des raisons les plus diverses, ils sont en panne et ne fonctionnent plus.

Gazelle : ce terme, quand il ne s'agit pas de l'animal, est (était ?) l'appellation d'un des trains, de la compagnie Sitarail, qui relie, en temps normal, Ouagadougou (Burkina-Faso) à Abidjan (Côte-d'Ivoire).

Gecko : cet adorable petit lézard (de la famille des *geckonidés*) qui court sur les murs ou sur les plafonds ressemble à ces petits animaux en plastique, souples et translucides, que l'on trouve dans les boutiques de farces et attrapes. Il est tout à fait inoffensif et se nourrit de moucherons, mouches et moustiques, ce dont nous le remercions vivement.

Général : nous n'allons pas citer ici les généraux africains célèbres, dont certains tristement, mais s'il en est un qui, par sa droiture et sa simplicité force notre admiration, c'est feu le général Aboubacar Sangoulé LAMIZANA qui a été président de la République de Haute-Volta et réélu, en 1978, au deuxième tour, après un ballottage tout ce qu'il y avait de plus régulier. C'était suffisamment rare à l'époque pour le rappeler ici.

Gla : fraîche. Une bière bien gla.

Go : une copine, occasionnelle. Si celle-ci devient une régulière, une copine attitrée, elle devient alors une « routière ». Le mot « go » trouve son origine en Côte-d'Ivoire et signifierait : demoiselle non mariée.

Gobi : le gobi est le chapeau traditionnel que portent beaucoup de Béninois. Il ressemble au bonnet phrygien.

Goudron (1) : dans les buvettes et bars du Bénin ce terme désigne ce qu'on appelle, en France, un « mazout » (= un whisky-coca).
Goudron (2) : il désigne également une route goudronnée ; ex. : « Vous trouverez le lycée, juste après le goudron », ou « le menuisier habite le long du goudron ». Dans ce sens le mot goudron s'oppose au « six mètres » qui est, dans un village ou en ville, une rue ou route de latérite (terre rouge), donc non goudronnée.

Grèver : « Hier nous avons grèvé ».

Gri-gri : il s'agit d'un porte-bonheur, très important pour celui qui l'a et quelquefois nécessaire pour la réalisation de certains rites. Ce terme a malheureusement une connotation assez péjorative en Europe, très certainement à tort et par méconnaissance ou incompréhension.

Griot : le griot est un poète, musicien et chanteur qui, comme nos anciens troubadours, va de village en village, chantant les faits marquants de celui-ci ou vantant la mémoire de quelqu'un ou, tout simplement, faisant les louanges de son hôte. Le Malien Salif KEITA en était (et l'est sans doute encore) le parfait exemple avant de démarrer sa brillante carrière internationale.

En grossesse ou engrossée : « Cette femme a été engrossée », « Elle est en grossesse ». Ces expressions, nullement péjoratives, sont fréquemment employées.

Groupe : la plupart du temps il s'agit d'un groupe électrogène (générateur).

H
comme…

Haute-Volta : aujourd'hui on lit partout qu'il s'agit là de l'ancienne dénomination du Burkina-Faso (changement de nom, de drapeau, d'hymne national et de devise, le 4 août 1984 ; laquelle devise rechangea par la suite, les autorités revenant à la précédente). C'est tout à fait exact, sauf que, et sans vouloir aucunement pinailler, le Burkina-Faso du XXIe siècle, et Ouagadougou, la capitale, n'ont plus grand chose à voir avec ce qu'étaient la Haute-Volta et les Voltaïques d'alors.

Histoire : en Afrique il ne faut jamais oublier que la France et la plupart des pays francophones ont une histoire commune, et donc que de très nombreux Africains se sont battus... pour la France. Bien peu sont revenus de ces multiples guerres où ils étaient parmi les tout premiers exposés. D'où la vénération que l'on voue aux anciens combattants – lesquels se font de plus en plus rares – et en dehors du fait qu'ils touchent une pension (récemment revalorisée, après avoir été, pendant des années, « cristallisée »). Celle-ci tombe régulièrement, versée par la Paierie de France, et permet encore de faire vivre une grande famille.

Hivernage : ce terme désigne la période de la saison des pluies qui court – normalement – pour une partie du Mali, pour le Burkina, pour les nord-Togo et nord-Bénin, ainsi que pour une partie du Niger, de juin à septembre. Ces pluies arrivent après huit mois de sécheresse continue, pour le plus grand bonheur de chacun. C'est au début de l'hivernage que les agriculteurs peuvent enfin semer et cultiver, pour récolter ensuite. Les paysages se transforment et ces régions nouvellement arrosées deviennent vertes...

HOUPHOUËT-BOIGNY : même si la Côte-d'Ivoire ne fait pas ici partie des pays traités, il est quasiment impossible de faire l'impasse sur ce pays et sur son premier président. Le président HOUPHOUËT-BOIGNY a été le premier président de la République de Côte-d'Ivoire indépendante. Sous son « règne » ce pays devint le plus prospère de l'Afrique de l'Ouest, un pays modèle et stable. Il invita tous les habitants de la sous-région (pays voisins) qui le souhaitaient à venir travailler et s'installer en Côte-d'Ivoire. Aujourd'hui environ deux millions de Burkinabè y vivent. Mais le président HOUPHOUËT-BOIGNY doit se retourner dans sa tombe en voyant l'instabilité politique qui s'est emparée de son pays, l'insécurité notoire d'Abidjan, et les mouvements xénophobes largement encouragés par les différents pouvoirs plus que douteux qui s'y sont succédé. De son vivant il transféra la capitale, d'Abidjan à Yamoussoukro, son village natal. Il reste cependant une ombre qui vient ternir ce portrait qui aurait dû rester bien meilleur. Sur la fin de sa vie il fit construire à Yamoussoukro l'immense basilique Notre-Dame de la Paix, réplique quasiment exacte de Saint-Pierre de Rome, qui fut bénie par le pape Jean-Paul II et qu'il finança sur fonds « propres », pour l'offrir ensuite à l'église catholique.

Hydraulique villageoise : l'absence d'eau dans ces pays étant dramatique, l'hydraulique villageoise est une expression très couramment employée qui regroupe toutes les actions ayant trait à l'eau : puits, forage, drainage, irrigation (digues et diguettes, ...). Et si l'absence d'eau cause d'évidents problèmes, pendant la saison des pluies celles-ci tombent très souvent en trombes, ravinent tous les sols, enlevant le peu de bonne terre nécessaire pour les cultures. Terre de contrastes l'Afrique rassemble tout par excès. Et trop d'eau, brutalement, sur une terre qui n'en a pas vue depuis de longs mois, crée autant de problèmes, pas faciles à règler sans moyens financiers.

I
comme…

Immigration / émigration : l'ensemble du continent africain est composé de très nombreuses populations traditionnellement et naturellement habituées à se déplacer sans tenir cas des frontières, artificiellement tracées pour la plupart à la conférence de Berlin (1884–1885). C'est ainsi que de nombreuses ethnies sont à cheval sur plusieurs pays (Ghana / Togo, Togo / Bénin, Bénin / Nigéria, par exemple). Grand vivier d'emploi depuis longtemps, la Côte-d'Ivoire accueillait, avant les événements de ces dernières années, à peu près deux millions de Burkinabè, dont certains vivaient là depuis plusieurs générations, en toute sérénité et sécurité. Ces gens se considéraient du reste comme Africains avant de se dire Burkinabè ou Ivoiriens. Notons également ici que si la « sous-région » a depuis toujours été un lieu de grande émigration / immigration, la France, ex-mère-patrie, l'était aussi tout naturellement pour venir travailler ou pour étudier. La plupart des hommes originaires de Kayes, au Mali, viennent traditionnellement travailler en France, et Montreuil-sous-Bois, en région parisienne, serait la première ville malienne, en nombre d'habitants, après Bamako (la capitale). L'instauration des visas pour l'Europe il y a quelques années et la manière dont ils sont délivrés sur le continent par nos consulats ont beaucoup freiné cette émigration qui se tournerait maintenant vers d'autres pays, dont le Canada.

L'Indé (1) : à Ouagadougou, l'hôtel Indépendance est encore un lieu incontournable et un point de repère dans la ville. À Bamako (Mali) l'hôtel « l'Amitié » joue un peu le même rôle.
Indépendance (2) : les indépendances de la plupart des États africains francophones ont eu lieu en 1960. Pour les pays qui nous concernent, le premier à avoir été indépendant fut le Togo (27 avril 1960), suivi par le Mali (20 juin 1960), par le Bénin (1er août 1960) et par le Burkina-Faso – alors Haute-Volta – (5 août 1960).

Indexer : ce verbe signifie tout simplement « montrer du doigt ». Ex. : « Dis-donc, pourquoi tu m'indexes ? »

Informel (en parlant du secteur informel) : le secteur informel est composé de diverses activités commerciales, relevant le plus souvent de la plus grande débrouillardise et échappant « naturellement » à l'impôt. Les cireurs de chaussures ambulants, les « parqueurs » en font partie. Extrêmement important et développé en Afrique de l'Ouest, il représente, en chiffre d'affaires total, une somme souvent conséquente, composée de milliers de « petits » métiers. Cette liberté commerciale, dûment permise, a le grand avantage, pour tout gouvernement, d'éviter certains mécontentements populaires qui pourraient être fréquents, voire violents, de la part de milliers de personnes sans aucun emploi. C'est en quelque sorte une soupape de sécurité. Au Burkina-Faso des sections d'appui au secteur informel existent de façon très officielle. Un autre des avantages non négligeables du secteur informel est qu'il permet à quelques uns, volontaires et ambitieux, ayant de fait le pied à l'étrier dans le cadre d'une très petite entreprise, de pouvoir, à terme, développer celle-ci et devenir ainsi chef d'une entreprise établie, au chiffre d'affaires beaucoup plus conséquent, laquelle permet d'embaucher (cf. Secteur).

Insensé : terme entendu au Bénin pour qualifier un malade mental au sein d'un groupe de personnes. « Ne vous inquiétez pas, celui-ci, c'est un insensé ».

Interjections : celles-ci peuvent parfois être de simples onomatopées. Le langage parlé en est constamment rempli et de façon souvent étonnante. Elles sont fréquentes, multiples et variées, très souvent utilisées pour ponctuer les phrases d'un dialogue, généralement accompagnées d'un large acquiescement ostensible de la tête par le locuteur. Ex. : « C'est çà ! », « Voilà ! », « Hein, hein ! », « Han, han ! ». Une autre onomatopée interjective, parmi les plus courantes, est celle émise par un claquement redoublé de la langue sur le palais, bouche fermée.

Internet : il faut vivre avec son temps et les Africains ne se le font pas dire deux fois. Les Africains, quels Africains ? Des cyber-centres ouvrent un peu partout, quel que soit le pays. Des télécentres permettent également d'accéder à internet. N'importe quelle entreprise a son adresse courriel et de plus en plus son site. Mais soyons réalistes. À tous ceux qui pensent que, grâce à l'internet, l'Afrique va être scolarisée en six mois parce que vient d'arriver le nec plus ultra que la science et ses chercheurs apportent une fois par siècle, nous dirons que, comme d'autres trouvailles technologiques révolutionnaires, la télévision par exemple, il faudra encore un bon moment avant que ce merveilleux outil technologique devienne accessible à une majorité d'Africains. Pourquoi ? Tout bonnement parce que pour utiliser cet extraordinaire outil, et en dehors de toute considération financière (ce qui n'est tout de même pas non plus une mince affaire !), il est impératif, jusqu'à preuve du contraire, de savoir lire et écrire... C'est tout aussi simple que cela. Et nous considérons alors comme fait acquis l'électricité (autre révolution technologique) accessible à tous, ce qui est encore loin d'être le cas. La plupart des pays de la sous-région ont une population analphabète à plus de 60 %. Alors continuons d'abord par une scolarisation massive, efficace et d'envergure nationale des enfants, alliée à une alphabétisation de la même ampleur des adultes, et utilisons cet outil extraordinaire de communication internationale à chaque fois que ce sera possible. Mais reconnaissons qu'il n'est pas la panacée. Et il est désolant et très affligeant de voir certains pays du Nord, avec leurs bailleurs de fonds habituels, débloquer des sommes parfois considérables pour être strictement utilisées dans la dernière trouvaille technologique du moment, qui est alors à la mode et tout à fait dans le ton d'une certaine sphère parisienne (ou bruxelloise) quelque peu déconnectée des réalités du terrain.

Pour nous résumer :

1. Apprendre à lire et à écrire à un maximum de la population ;
2. Tendre vers l'électricité pour tous ;
3. Rendre accessibles les dernières technologies à un maximum de la population.

Inviter : « Venez, je vous invite. » Ce terme veut tout simplement dire que vous venez de croiser quelqu'un en train de manger, souvent dans la rue ou dans une cour de concession. Il vous convie alors spontanément à sa table qui, le plus souvent, est une simple assiette contenant la pâte (cf. Mil), un riz-sauce ou un riz-gras, posée par terre, sur un rebord de mur ou sur une chaise.

Ivoirité : mauvais terme à gros relents populistes inventé en Côte-d'Ivoire et utilisé contre un ancien Premier ministre ivoirien à qui le nouveau pouvoir déniait la qualité de citoyen ivoirien. Celle-ci lui a d'ailleurs été reconnue beaucoup plus tard, le 29 juin 2002. « L'ivoirité » a fait beaucoup de mal à son inspirateur principal et a causé un tort considérable à la Côte-d'Ivoire sur le plan international. Ce terme et son utilisation nauséabonde ont été très certainement l'un des catalyseurs à l'origine des troubles sociaux et de l'instabilité politique dans le pays, réputé jusqu'alors pour être le plus stable, le plus prospère (le « poumon ») et le plus sûr de l'Afrique de l'Ouest francophone. La Côte-d'Ivoire n'avait pas besoin de se faire une telle publicité dont les séquelles et effets secondaires pervers mettront de très longues années avant de cicatriser, une fois ces troubles et cette instabilité politique dûment terminés. Le « Vieux » (le président Félix HOUPHOUËT-BOIGNY) doit se retourner dans sa tombe…

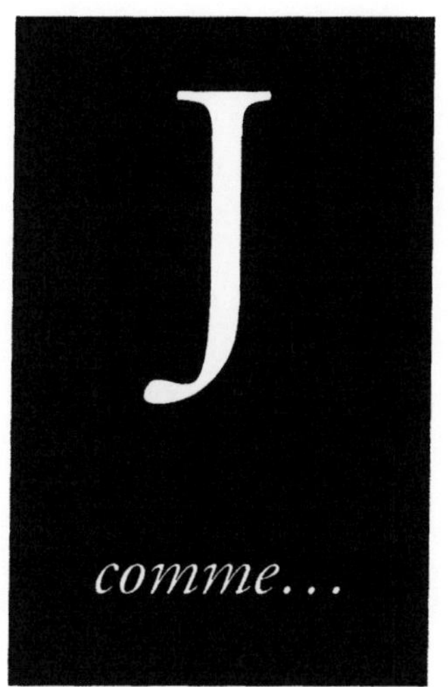
J
comme…

Jetons : « Il me manque les jetons », « Je n'ai pas les jetons » : je n'ai pas / plus de pièces de monnaie.

JEUNE-AFRIQUE : comment parler de l'Afrique sans évoquer CIDCOM / LE GROUPE JEUNE AFRIQUE et son fondateur Béchir BEN YAHMED ? Il y aurait long, très long à dire et à écrire. Pour faire concis, disons que le groupe est incontournable pour qui s'intéresse aux Afriques. La publication principale est l'hebdomadaire *Jeune Afrique* (JA). Le mensuel *Afrique Magazine* (Am) a quitté le groupe sous la conduite de Zyad LIMAN et vole maintenant de ses propres ailes. *Écofinance* ex-*Economia* (pages saumon) a été refondu dans l'hebdo. S'ajoutent à ces publications une édition en anglais, le périodique *The Africa Report* et *La revue pour l'intelligence du monde*, un bimestriel.
Le journal qui allait devenir le groupe a été créé en 1960 par Béchir BEN YAHMED et Othman BEN ALEYA, à Tunis, sous le nom originel d'*Afrique Action*. En 1961 *Afrique Action* devient *Jeune Afrique* (le 21 novembre). En 1962, fuyant la censure tunisienne, le journal quitte Tunis pour s'installer à Rome où il restera jusqu'en 1964, puis à Paris, à cette même date. Après être resté longtemps au 51, avenue des Ternes, dans le XVIIe arrondissement de Paris (de 1965 à 1989), il emménagera, en juin 1989, au 57 bis, rue d'Auteuil, toujours à Paris, dans le XVIe arrondissement, adresse toujours actuelle. Le Groupe Jeune Afrique a un capital social cumulé de 51,1 millions d'euros réparti entre près de sept cents actionnaires. Il comprend diverses sociétés dont une de publicité, DIFCOM, qui contrôle Les Éditions du Jaguar, une société de finance et de communication, FINCOM, une société gérant les ventes et les abonnements, COM & COM, et une société immobilière, JADIM.
Que dire de Béchir BEN YAHMED, sinon que cet homme clairvoyant et souvent visionnaire (les gens de cette trempe sont bien rares de nos jours), s'il s'est quelquefois trompé, l'a toujours reconnu humblement en se confiant (confessant ?) auprès de ses innombrables lecteurs (cette conduite d'honneur et d'honnêteté est encore beaucoup plus rare aujourd'hui de la part d'un patron de presse). Et si sa plume très avertie, franche et toujours bien trempée, a rendu ses « CE QUE JE CROIS » aussi indispensables et incontournables que les « CONFIDENTIEL »

dans l'hebdomadaire *Jeune Afrique*, elle a sans doute dû lui causer quelques inimitiés ; ce qui est incontestablement la marque des grands hommes, de ceux qui en ont...
Béchir BEN YAHMED vient d'ailleurs d'annoncer qu'il passe la main.

« JJ », « **Journal du Jeudi, hebdromadaire satirique burkinabè** » : cet hebdo, pardon, « hebdro », de Boubacar DIALLO, est à ne pas manquer, qui brocarde gentiment les uns et les autres, dont les politiciens, bien sûr. Pour bien en comprendre la lecture, il demande tout de même d'être assez au fait de la vie politique burkinabè, des faits et gestes – et travers – de chacun, et de bien connaître les surnoms de ces derniers. Les dessins et caricatures sont délicieux. « Le dromadaire qui bosse pour vous » est à déguster sans modération aucune.

Journal : ce terme était employé, et pour des raisons inexplicables, par les cuisiniers de l'ex « Jardin d'Ozone », restaurant de Ouaga (face au RAN-Hôtel), pour vous proposer un plat de viande, quand il était disponible : des tripes...

JUMBO (publicité gracieuse) : cette marque de bouillon-cube rivalise avec « MAGGI » (id.). Les cuisiniers les utilisent dans tous les plats, viandes comme poissons et vraiment « à toutes les sauces... ». Le grand inconvénient, dans ce cas, est que les plats ont alors tous le même goût.

Jumeaux : selon les ethnies et les pays, accoucher de jumeaux est une grande chance et portera bonheur ou, tout au contraire, apportera la malédiction sur la famille. Il n'est pas rare dans ce cas de voir des femmes négliger l'alimentation d'un des deux bébés pour privilégier l'autre. En général le premier décède, ce qui « règle le problème ».

Jus : un jus est tout simplement un jus de fruit, ou un soda. De toute façon ils appartiennent, l'un comme l'autre, à la famille des « sucreries » (cf. Sucrerie).

K
comme…

Karité : le fruit de cet arbre, la noix (de karité), est très utilisé dans la composition de beaucoup de cosmétiques et dans l'alimentaire. Mais le karité a une particularité bien à lui : c'est un grand arbre qui pousse de façon sauvage et ne peut donc en aucun cas être planté pour être cultivé.

Kora : la kora est un instrument traditionnel à cordes utilisée par les griots. L'un, parmi les plus célèbres joueurs de kora, est le Malien Mory KANTE.

L
comme…

Lait : les Africains de l'Ouest en boivent en général pas mal. Mais, et c'est comme dans le cas de la farine de blé, il n'y a aucune production locale. Il n'existe pas ou peu de vaches laitières dans la sous-région. Le lait consommé est alors importé, donc coûteux. Il est utilisé soit en poudre, soit concentré et sucré.

Latérite : la latérite est cette terre très rouge, si caractéristique de la terre africaine.

Latrines : ce terme est fréquemment utilisé, tant par les différents gouvernements qui prônent la construction d'un certain type de toilettes publiques normalisées que l'on rencontre également dans les écoles, que par certaines ONG (Organisation non gouvernementale) qui les multiplient.

Laver : « Je vais faire laver la pellicule » (= je vais faire développer la pellicule).

Loango : ce lieu, situé à une quinzaine de kilomètres de Ouagadougou, rassemble bon nombre de sculptures réalisées par des sculpteurs de différentes nationalités, sur des rochers de granit naturels. Ces œuvres augmentent régulièrement car de nouvelles sessions de sculptures sont ponctuellement programmées. Ce site, très curieux, vaut incontestablement le détour.

Loin (ou plutôt « non loin ») : sur la route, en quittant Ouaga, en cherchant votre chemin : « – Connaissez-vous un village qui s'appelle Bazoulé ? – Oui. – Par où faut il aller pour le rejoindre ? – Par là, il est non loin de Bobo (à 360 km de là !). » Désolé, mais il ne faut que très rarement tenir compte d'une telle réponse qui s'avère fausse neuf fois sur dix. En l'occurrence le village en question est situé à environ quinze (15) kilomètres de Ouaga. Avec l'expérience, il faut comprendre que la personne qui vous a renseigné n'a nullement souhaité vous induire en erreur. Elle n'a tout simplement pas voulu vous répondre négativement en vous avouant qu'elle ne connaissait pas le village ou le lieu en question. Bien souvent également il arrive aussi qu'elle n'ait pas compris votre question, à cause de votre accent de Blanc. Dans ce cas, et par délicatesse envers vous, elle n'aura pas osé vous la faire répéter…

Lomé : Lomé est la capitale du Togo, lequel pays, qui a une côte maritime, est entouré par le Ghana, le Burkina-Faso, et le Bénin.

Lotus : cette fameuse marque – célèbre en France à la suite d'une inoubliable campagne publicitaire pour du papier-toilette – fabrique également des mouchoirs jetables et c'est sous cette forme qu'elle est présente à tous les carrefours de Ouaga, de Bobo et d'ailleurs. De nombreux vendeurs entourent aussitôt votre véhicule lorsque vous arrivez à un feu rouge et n'ont de cesse que de vous vendre un ou plusieurs paquets de ces mouchoirs en papier jetables, en répétant continuellement le nom de cette marque.

M
comme…

« L'Afrique c'est dur.
Dieu que c'est dur.
Pourtant c'est elle qui m'aide. »

Richard BOHRINGER,
in L'ultime conviction du désir
Éd. Flammarion, 2005

MAGGI (publicité gracieuse) : cette marque de bouillon-cube rivalise avec « JUMBO ». Les cuisiniers les utilisent dans tous les plats, viandes comme poissons, et vraiment « à toutes les sauces...». Il est à noter que concernant les produits de cette marque on entend très fréquemment prononcer l'expression « arôme Mazi ». Les cuisinières et les cuisiniers en raffolent. Le consommateur aussi, sans doute.

Magouille : s'il n'y a pas besoin d'aller en Afrique pour entendre ce mot, force est de constater qu'il revient très souvent dans les conversations sur place.

Maladies : vivre en Afrique, c'est vivre avec la maladie, les maladies. Les gens, à cause des conditions climatiques et de la pauvreté sont souvent, très souvent, malades. Beaucoup de ces maladies sont mortelles. On vit donc aussi quotidiennement avec la mort. Le paludisme fait des ravages : presque deux millions de morts par an, sur l'ensemble du continent, dans une lourde et pesante indifférence de la plupart des pays du Nord, très peu – et pour ainsi dire pas du tout – touchés par cette maladie. À cette dramatique maladie pour laquelle il n'existe toujours pas de vaccin, il faut ajouter le sida, depuis un peu plus d'une vingtaine d'années, plus toutes les autres, comme la rougeole par exemple, qui emporte encore des enfants de sept ou huit ans. Que dire également de l'accès aux médicaments, quasiment impossible – à cause de leurs prix – à la très grande majorité des Africains? D'où la multiplication de potions et de simili médicaments que les gens achètent en quantité sur les marchés. Une lueur d'espoir apparaît tout de même avec les médicaments génériques qui vont permettre de sauver d'innombrables vies.

Mali : le Mali a pour capitale Bamako. Cet immense pays, grand comme deux fois et demie la France (1 240 190 km^2), a une population d'un peu plus de 11 millions d'habitants, dominée à 90% par l'islam et répartie en vingt-trois ethnies. Le Mali a la forme d'un papillon et s'étend sur 1 500 km du nord au sud et 1 800 km d'ouest en est. Il comporte plusieurs villes célèbres comme Tombouctou, Mopti (la « Venise malienne »), Ségou, Djenné (classée au Patrimoine mondial par l'Unesco) et sa célèbre mosquée et Gao. Si ces noms font rêver il est une autre région très célèbre qui attire les voyageurs et aventuriers du monde entier : le pays dogon. Les Dogons vivent autour de la falaise de Bandiagara. Une autre ville, peut-être plus discrète et effacée, est très importante au Mali, et depuis bien longtemps : Kayes. Non loin de la frontière avec le Sénégal, c'est de là qu'est originaire la grande majorité de la communauté malienne vivant en France. La diaspora malienne, dans le monde, est estimée à environ quatre millions d'émigrés. Le fleuve Niger rythme la vie des habitants riverains avec son trafic maritime effectué sur les nombreuses pinasses, grandes pirogues longues d'une trentaine de mètres, où s'entassent une bonne centaine de personnes et plusieurs dizaines de tonnes de fret! Le coton est le premier produit d'exportation, malheureusement tributaire des cours mondiaux, lesquels sont complètement faussés par les subventions aux producteurs américains, ce qui cause un tort considérable aux pays producteurs du Sud. Le pays comporte presque trois saisons dont deux sèches et une pluvieuse. La saison des pluies, ou hivernage, court de juin à septembre; succède alors, jusqu'à février, une saison sèche à la chaleur moyenne. Vient ensuite une autre saison sèche, très chaude, qui va de mars à mai. Le Mali est entouré par la Mauritanie (Nouakchott), l'Algérie (Alger), le Niger (Niamey), le Burkina-Faso (Ouagadougou), le Ghana (Accra), la Guinée (Conakry), et le Sénégal (Dakar).

MANDELA : le président Nelson MANDELA, premier président noir Sud-Africain, est, par ses luttes contre le régime de l'apartheid, sa vie composée de longues années de prison et son charisme, devenu un véritable dieu pour les Africains, et peut-être pour d'autres. Madiba, son surnom, a gagné et obtenu justice contre des Blancs. Beaucoup, sur le continent, s'y réfèrent.

Manega : ce village burkinabè, situé à environ une heure de route de Ouaga est le fief de Maître Titinga Frédéric PACERE, ex-bâtonnier de l'Ordre des avocats, qui y a créé un remarquable et très étonnant musée « mossé » (et non pas « mossi », Maître PACERE y tient beaucoup). Les Mossé constituent l'ethnie majoritaire du Burkina. Cet extraordinaire et très étonnant musée vaut plus que le voyage, surtout si l'on a la chance d'y rencontrer et d'y être guidé par Maître PACERE, personnage étonnant et haut en couleurs, auteur de nombreux ouvrages dont un sur la « bendrologie », langage des tam-tams et des masques, et président ou membre d'une multitude d'associations.

Mangeoire nationale : expression que l'on peut lire çà et là dans les magazines traitant de l'Afrique et désignant, sur le continent africain, la présidence de la République... C'est sans commentaire.

Mangue : la mangue est le fruit africain par excellence. Les mangues issues des manguiers greffés font partie des fruits à la chair des plus savoureuse et parfumée.

Manucure : plus souvent écrit « manicure », car prononcé ainsi, ce mot fleurit un peu partout, annonçant l'ouverture de ces nouveaux cabinets.

Maquis : ce terme, typiquement ivoirien, était jusqu'il n'y a pas si longtemps peu employé dans les pays qui nous concernent où on lui préférait les mots comme paillotes, buvettes, voire petits restaurants. On l'entend maintenant très souvent au Burkina où il supplante de plus en plus les termes précédemment utilisés.

Maraîchage : une des actions de développement par excellence, en matière d'agriculture, très souvent soutenues par les ONG (Organisation non gouvernementale), sont les magnifiques planches (buttes surélevées, de forme rectangulaire et de dimensions diverses) de légumes que l'on voit ici ou là dès qu'il y a possibilité d'avoir de l'eau en continu. Elles montrent ce que permettent l'eau et la chaleur réunis, à condition que l'on s'en donne la peine et que la terre ne soit pas trop mauvaise. C'est un bonheur de voir toutes ces personnes s'afférer avec tant de soins pour faire pousser tous ces légumes. Le maraîchage représente une bonne source de revenu. Un de nos meilleurs souvenirs, qui restera à vie, se situe non loin de Porto-Novo, à Zounkpa, au Bénin. Là, une coopérative villageoise de femmes cultive en moyenne mille cinq cents (1 500) planches de superbes légumes, tous plus délicieux les uns que les autres.

Marché : c'est sans doute là que se déroule l'un des plus importants moments de la vie sociale africaine. En effet, que seraient un village, une ville ou un pays du continent, sans marché ? C'est tout bonnement inimaginable. Un des plus réputés de l'Afrique de l'Ouest est celui de Ouagadougou, qui a brûlé fin mai 2003. Les innombrables marchands se sont alors dispersés dans les petits marchés des différents quartiers de Ouaga.

Margelle : la margelle est ce rebord, souvent en ciment, qui entoure un puits. Il se trouve qu'en Afrique, par négligence quelquefois ou par manque de fonds, elle est inexistante. En plus de la sécurité physique qu'elle apporte, elle permet d'éviter une pollution fréquente du puits, celle occasionnée par les urines et déjections des animaux qui viennent s'y abreuver.

Margouillat : cette sorte de gros lézard (agame, de la famille des *agamidés*) pas très beau, au cou orangé/rouge chez le mâle, que les enfants chassent quelquefois au lance-pierre, passe son temps, pour le mâle, à courser les femelles, à courir de trois quatre mètres en trois quatre mètres et à faire des séries de pompes.

Marigot : ce terme désigne généralement ce qu'on dénommerait, en France, un petit étang. Mais un « bas-fond » (zone inondable), peut devenir, pendant « l'hivernage » (la saison des pluies), un marigot. Dans ce dernier, les enfants, voire les adultes, s'y baignent ou s'y lavent. On y fait également la vaisselle et la lessive pendant que d'autres y lavent leur vélo, leur « engin » ou un véhicule. On y rencontre aussi des pêcheurs. Les troupeaux viennent volontiers y boire… et s'y soulager et certaines personnes n'hésitent pas, après avoir terminé leurs ablutions, à remplir le canari familial… d'eau « potable ».

Masques : les masques sont indissociables des cultures africaines. Ils sont utilisés à l'occasion d'événements importants ou de danses rituelles. Certains sont très recherchés des collectionneurs et atteignent parfois, lors de ventes aux enchères, en Europe, des prix vertigineux.
Les masques dogons (Mali) sont particulièrement réputés (cf. Dogons).

Mèches : depuis quelques années les femmes burkinabè mélangent à leur chevelure des mèches, voire portent carrément des perruques et postiches en tout genre, souvent de couleur marron. S'il est évident que ça ne va pas à tout le monde, c'est en tout cas au détriment des superbes coiffures à la variété incroyable qu'elles avaient l'habitude de réaliser et que l'on ne peut s'empêcher de regretter; sans parler de la température qu'il doit faire sous la perruque…

Mercedes : cette prestigieuse marque allemande représente presque toujours les voitures officielles. Comme voiture de prix ou de prestige elle est de plus en plus supplantée par les 4x4 japonais. Mais cette marque produit également, depuis plusieurs années maintenant, des 4x4.

Mère (dans l'expression « même père, même mère ») : beaucoup d'Africains étant polygames, les enfants sont nombreux. Entre frères et sœurs certains sont en fait des demi-frères ou des demi-sœurs, mais en Afrique on n'emploie pas ces termes et on dit frères ou sœurs. Quelquefois, et pour encore mieux expliquer les liens du sang, on précise donc « même père, même mère ». Cette expression se retrouve aussi aux Antilles françaises et à l'île de la Réunion.

Six-mètres : un six-mètres est une rue, en ville ou dans un village, non goudronnée. Quand vous recherchez une boutique, par exemple, l'on peut vous indiquer qu'elle se situe, à droite, après le troisième six-mètres. Le « six-mètres » s'oppose de fait au « goudron ».

Miche : à Bobo-Dioulasso, au Burkina, si vous achetez une miche, vous achetez une baguette de pain. Du reste vous pouvez très bien l'acheter à « La Bonne Miche », boulangerie qui vaut le détour.

Mil : c'est certainement la plante la plus cultivée en Afrique de l'Ouest et qui sert de base à la plupart des plats nationaux, avec le maïs, quelquefois l'igname (tubercule) et maintenant le riz. Le mil, dont il existe plusieurs variétés, est pilé et servi sous la forme d'une pâte que l'on mange avec une sauce. Par extension, que celle-ci soit confectionnée avec du mil, du maïs ou de l'igname, on la désigne sous cette forme générique de « pâte ». « Je t'invite chez moi à manger la pâte ». Et si vous croisez, où que vous soyez, quelqu'un en train de manger, et qu'après vous être salués, cette personne vous dise : « Monsieur (ou Madame), je vous invite », cela signifie bien sûr que la personne vous invite à partager son repas, toujours de bon cœur.

Ministre : au risque de déplaire à certaines personnes, ces postes, somme toute peu nombreux, sont extrêmement convoités (pas seulement en

Afrique, il est vrai) car, en plus du prestige qu'ils confèrent, il est unanimement entendu et reconnu qu'ils permettent à la plupart de celles et ceux qui l'exercent pendant au moins trois années, de mettre leur famille et eux-mêmes à l'abri de tout besoin matériel, leur vie durant. Et les traitements afférents aux postes n'y sont, dans ce cas-là, pour pas grand chose. En revanche les « à-côté » sont plus que substantiels.

Mon-père ou ma-sœur : « C'est une ma-sœur » vous indique que l'on vous parle d'une religieuse. Les prêtres, religieux et religieuses, plus ou moins nombreux selon les pays, sont très présents et respectés, voire influents en Afrique. Ils travaillent le plus souvent dans l'enseignement ou dans la santé, selon les congrégations : écoles ou séminaires, hôpitaux, cliniques ou dispensaires.

Monter : pour pouvoir « descendre du service à 18 heures nuit » (quitter son travail), il faut y être « monté » le matin. Selon les pays l'on y monte à 7 heures, 7 h 30 ou 8 heures.

Mosquées : on les trouve en nombre plus ou moins grand selon les pays et de tailles différentes. Si on en rencontre beaucoup au Mali et au Niger, pays très musulmans, il y en a beaucoup moins au Togo et au Bénin, deux pays plutôt réputés chrétiens. En revanche, au Burkina, les mosquées alternent avec les églises ou chapelles, selon la région où l'on se trouve, et cela dans la plus parfaite entente. Une des plus belles mosquées d'Afrique de l'Ouest est certainement celle de Djenné, au Mali, ville par ailleurs classée au Patrimoine mondial par l'Unesco. Cette mosquée a la particularité d'être la plus grande construction au monde réalisée en banco (terre crue). Sauf erreur, à la date d'aujourd'hui, il n'est plus possible de la visiter, et cela, paraît-il, depuis que de sombres imbéciles auraient eu la bonne idée d'y prendre (à l'intérieur) des photos de mode ! Est-il besoin de rappeler qu'une mosquée est un lieu de prière, un lieu sacré ? Une autre mosquée célèbre est la vieille mosquée de Bobo-Dioulasso, au Burkina-Faso. Elle est réputée pour son âge et sa solidité. À une époque où l'on souhaita la détruire, elle résista et il fut alors décidé de la conserver. Elle en garde ainsi tout un merveilleux prestige.

Moteur : ce terme désigne tout simplement un cyclomoteur. Son synonyme est « engin ». Si courant un peu partout et employé pour un oui ou un non il n'y a encore pas si longtemps, il tend – et ce depuis seulement quelque temps – à être supplanté par « mobylette » ou « cyclomoteur », ce qui est tout à fait nouveau. C'est exactement le même phénomène que l'on constate avec le mot « cacahouètes » qui se substitue de plus en plus à « arachides ».

Mourir : s'il est bien évidemment très souvent employé dans son sens premier, on le rencontre également pour parler d'objets, de machines. Une photocopieuse mal entretenue va « mourir » plus vite.

Musiques : comment parler d'Afriques sans évoquer les musiques et les musiciens ? Avec les danses elles sont incontournables de la vie quotidienne. N'importe quel enfant, à l'écoute du moindre son et d'un rythme sur un quelconque instrument, démarre aussitôt et spontanément, un peu comme par un réflexe inné, des pas de danses. À l'opposé, il arrive que certains adultes, dans des situations et contextes bien précis, souvent hors du continent, tentent vainement de réfréner et de combattre ce quasi réflexe si sympathique. Par ailleurs on ne compte plus le nombre de chanteurs africains qui réalisent des carrières internationales. Et en citer parmi les principaux devient presque impossible. Certains réalisent, en Europe, aux États-Unis ou ailleurs, des ventes de disques vertigineuses.

N
comme…

Nations unies : cette organisation est extrêmement présente sur le continent africain et sous ses multiples organismes qui dépendent de la maison de verre de New-York, de Genève ou de Rome. Hormis les différents responsables, directeurs et autres, en poste dans le pays, et donc pour la plupart fonctionnaires internationaux, l'ONU a la particularité d'envoyer en Afrique – et ailleurs – en quantité, des gens très sérieux pour des séjours de plus ou moins longues durée. La plupart de ces personnes portent alors le titre d'« experts », dûment rémunérées, en dollars, à la hauteur de leur titre. Elles commettent ensuite des rapports...

Négritude : chantre de la négritude avec Aimé CÉSAIRE, le président Léopold SÉDAR SENGHOR a redonné à l'Afrique une partie de sa dignité dans de magnifiques poèmes.

Nepad : ces initiales sont l'acronyme du nom anglais pour « Nouveau partenariat pour le développement de l'Afrique ». Le Nepad a pour initiateurs les présidents Abdoulaye WADE, du Sénégal, Abdelaziz BOUTEFLIKA, d'Algérie, Olusegun OBASANJO, ex-président du Nigéria et Thabo MBECKI, d'Afrique du Sud. Ce dernier définit le Nepad comme étant « une stratégie pour le développement de l'Afrique pensée par les Africains, au profit des Africains ».

Nestlé (publicité toujours gracieuse) : le célèbre groupe alimentaire suisse est omniprésent grâce à ses nombreux produits. L'un des plus célèbres et que l'on voit partout est le café en poudre soluble, vendu en boîte ou en sachet d'une dose. Toutes les « cafétéria » en distribuent et le servent au bord des routes, pour le petit déjeuner, avec ou sans lait concentré.

Niger (1): le Niger, à ne pas confondre avec le Nigéria (pays anglophone mitoyen dont la capitale est Abuja), a pour capitale Niamey. Il est entouré par le Mali (Bamako), l'Algérie (Alger), la Libye (Tripoli), le Tchad (N'jamena), le Nigéria (Abuja), le Bénin (Porto-Novo), et le Burkina-Faso (Ouagadougou). Pays où se situe le désert du Ténéré, le Niger vient de subir, en 2007, des inondations catastrophiques.

Niger (2) : le fleuve Niger traverse plusieurs pays dont le Niger (Niamey) et le Mali (Bamako). L'activité économique qu'il suscite est très importante et indispensable aux différents pays qu'il traverse.

Ninja : nous sommes en Afrique de l'Ouest et il s'agit là d'un modèle du cyclomoteur P 50 de Peugeot dont beaucoup de jeunes raffolent et rêvent de posséder. Il est plus sportif que les autres P 50, reconnaissable de loin et son utilisateur est particulièrement admiré, envié et... respecté. À ne pas confondre avec les milices congolaises...

Nonobstant : avant d'être le titre de l'émission d'Yves CALVI, sur France-Inter, cette préposition – et tout en même temps adverbe – est moins usitée qu'il y a quelques années quand certains intellectuels africains francophones affectaient de l'employer, pour un oui ou pour un non, dans des phrases qui, si elles étaient justes, étaient tout de même un peu « ampoulées ». Cette expression, alors devenue chez certains un véritable tic de langage, permit à d'autres de brocarder et de caricaturer l'intellectuel africain francophone type. Rappelons qu'elle signifie : en dépit de, cependant.

Nouakchott : Nouakchott est la capitale de la Mauritanie.

O
comme…

Occasion : prendre une occasion consiste à arrêter la voiture d'un particulier, d'une société ou d'une administration qui passe sur la route en demandant au conducteur de vous déposer plus loin. À la différence de l'auto-stop, une occasion se paie; disons que l'on dédommage le chauffeur pour le service qu'il vous rend. En fait certains conducteurs arrondissent ainsi gentiment leur fin de mois, faisant en quelque sorte office de taxi.

ONG : Organisation non gouvernementale. Les ONG sont très nombreuses sur le continent. Associations, type loi de 1901 en France, elles sont multiples et concernent surtout les actions de développement habituelles : santé, agriculture, éducation / formation. Les ONG travaillent fréquemment ensemble, en partenariat, une du Nord avec une du Sud. Certaines œuvrent dans l'urgence, d'autres sur les moyen et long-termes. Si quelques unes sont très médiatisées, en Europe, l'énorme majorité d'entre elles font un travail remarquable, sur le terrain, le plus souvent en toute discrétion.

Onomatopées : elles sont très nombreuses et variées, souvent utilisées sous la forme d'interjections (cf. Interjections).

Ou bien : cette expression termine généralement une réflexion – souvent une affirmation – pour laquelle votre interlocuteur sollicite votre consentement induit, mais qui ne nécessite pas forcément une réponse de votre part, laquelle ne pourrait qu'être une approbation : « Tu as voyagé, ou bien? ».

OUA : Organisation de l'unité africaine. Sous la houlette du colonel Mouammar KADDAFI, guide de la Jamahiriya, celle-ci s'est transformée en UA, Union africaine, lors du sommet de Durban (Afrique du Sud) qui s'est déroulé du 8 au 10 juillet 2002. L'OUA est donc arrivée le 8 juillet 2002 au terme de sa mission commencée trente-neuf ans plus tôt. Son siège était à Addis-Abeba (Éthiopie), devenu celui de l'UA.

Ouagadougou : Ouagadougou, nom que beaucoup connaissent sans savoir ni le prononcer, ni donc l'écrire et encore moins le situer. Ouaga

est la capitale du Burkina-Faso, ex-Haute-Volta. Cette ville s'étendrait aujourd'hui sur trente kilomètres du Nord au Sud et autant d'Ouest en Est. L'empereur des Mossi – « Mossé », selon Maître Titinga PACERE (ethnie dominante qui parle le moré) –, Sa Majesté le Mogho Naba (prononcer Moro-Naba) y réside, avec sa cour et ses ministres. Il est régulièrement consulté.
Le Burkina-Faso n'a aucune côte maritime, donc pas de mer, pas de port, ... ni donc de plage!

P
comme…

En pagaille : « Des moustiques ? Il y en a en pagaille ». « Cet homme a des moutons en pagaille ».

Palabre : la palabre est courante en Afrique et n'est pas du tout péjorative. Elle permet, généralement en consultant les anciens ou un chef coutumier, de trancher un litige et de mettre tout le monde d'accord, ou de prendre une décision importante, pour une famille, voire un village. Elle est parfaitement admise par tous, a le mérite d'être d'une grande souplesse et son résultat est respecté par chacun.

Paludisme ou malaria : si la maladie en général est le lot quotidien de la vie en Afrique, le paludisme en est certainement, avec le sida, l'une des plus grandes plaies. Il est transmis par un moustique femelle, l'*anophèle,* et est la cause d'environ deux millions de décès par an sur tout le continent africain. Si chacun souhaite ardemment qu'un vaccin soit rapidement mis au point pour arrêter les ravages du sida qui touche le monde entier, rappelons qu'il n'existe toujours pas de vaccin contre le paludisme qui, lui, ne touche pas ou plus les pays du Nord. La plupart des médicaments utilisés pour soigner le paludisme sont à base de quinine. Ils ne permettent pas d'en guérir ; ils permettent de ne pas en mourir. Notons que certaines recherches actuelles, très avancées, laissent envisager un vaccin « prochain ».

Papa : ce terme est employé avec affection et déférence à l'adresse d'un homme âgé qui force le respect. On l'emploie souvent suivi du nom de famille du monsieur en question. Ex. : « Papa Biokou » (cf. Biokou). Pour l'anecdote, et particulièrement au Bénin, il arrive qu'en parlant d'une femme l'on dise, par exemple, « Maman Rico », Rico étant le prénom de son fils aîné. La famille, les voisins, savent alors de qui il s'agit. Il arrive même que son mari parle ainsi de sa femme. L'expression est affectueuse et pleine de tendresse.

Papiers : « Lui, là, il a de gros papiers » (« Lui, il a des diplômes prestigieux »).

Parada : sans arriver à en connaître l'origine et donc le pourquoi, une soirée parada est une soirée karaoké.

Pardon : vu sur un tee-shirt, à Ouagadougou, ce slogan qui rappelle les phrases de morale que l'instituteur inscrivait chaque jour en haut du tableau : « Le pardon est une force qui libère ». À méditer.

Paris : cette ville, magique pour beaucoup d'Africains, est encore la capitale de l'Afrique francophone. En dépit de la politique française des visas et des contrôles qui s'ensuivent durant leurs séjours, bon nombre d'Africains, arrivant à Paris, se libèrent de la plupart des contraintes qu'ils vivent dans leurs pays respectifs, particulièrement d'ordre politique. À Paris ces derniers « respirent ». Certains politiciens français, « le » législateur, les douaniers, les policiers et les gendarmes devraient ne jamais oublier (à condition qu'ils en aient été informés ou, tout simplement, qu'ils aient été formés) et toujours garder à l'esprit la magie et l'émotion intense, l'excitation que représente pour toutes ces personnes à qui nous avons fait partager notre histoire, le fait d'arriver en France, et ce, à chaque voyage, et quelles que soient leurs conditions sociales… Elles arrivent avec la charge affective acquise par les nombreux récits narrés de retour au village par les différents parents, le grand-frère par exemple, qui ont « fait Paris » ou « fait la France ». Ces récits, souvent enjolivés, font rêver tout le monde, en plus du prestige qu'ils procurent au narrateur.

Est-il besoin d'ajouter les innombrables récits des anciens combattants, ceux qui sont revenus de la guerre, personnes adorées, respectées et parfois vénérées, à cause de leurs faits d'armes, puis de leur âge? Ces hommes se sont battus pour la France, pour la liberté, pour un pays et pour des hommes et des femmes qu'ils aiment.
Par ailleurs il est encore très courant, aujourd'hui, lors des présidentielles, d'avoir plusieurs candidats qui possèdent la double nationalité, une africaine et la française. Beaucoup de présidents d'Afrique francophone étaient ou sont également français.
Pour toutes ces raisons, la France et Paris, les Français, sont tout à fait à part dans le cœur des Africains francophones. Ne l'oublions pas.
Pour l'anecdote, le Petit Paris est un quartier de Ouagadougou, le bois de Boulogne également, et l'avenue de l'Indépendance, toujours à Ouaga, est encore quelquefois appelée « les Champs-Élysées ».

Parqueur : partout où l'on souhaite garer son véhicule ou son engin, on tombe sur un ou plusieurs parqueurs, métier relevant bien sûr du secteur informel (cf. Garder et Informel).

Pâte : c'est le terme le plus fréquemment employé pour parler du plat national de base qui, et selon les régions ou le pays, est réalisé à partir de farine de mil, de sorgho, de maïs ou d'igname.

Patron : ce terme est encore pas mal usité, même si on l'entend un peu moins qu'il y a quelques années. Il est utilisé par les employés qui s'adressent à leur supérieur. Par extension beaucoup de Blancs étaient appelés ainsi. Ce terme est aujourd'hui parfois remplacé par « mon ami ».

Péage : toute source de revenu est bonne à prendre. Le Burkina a adopté les péages routiers. Pourquoi pas? C'est ainsi qu'au sortir de Ouaga, plusieurs kilomètres après la ville, des péages en dur ont été installés, dont certains ont déjà été reculés car Ouaga s'étend à une allure effarante. Les employés sont dans ces cabines de péage qui doivent être de vraies « cocotte-Minute », car plantées en plein milieu du goudron, sous un soleil de plomb. Ces taxes routières permettent au Trésor de faire rentrer des sommes certainement rondelettes.

Peinturer : « Il ne reste plus que ce mur à peinturer ».

Pépinières : il en existe de plus en plus et un peu partout; c'est forcément une bonne chose. Attention, il ne s'agit pas d'hectares plantés. Ce qu'on appelle une pépinière est un lieu qui peut même être en ville, en général à l'ombre de grands arbres, où l'on peut acheter toutes sortes de plants, vendus avec leur terre... dans des sachets en plastique (cf. Plastique). Et l'on trouve là la plupart des arbres que l'on veut, tout comme les plantes habituelles. Compte tenu de la déforestation générale des pays africains, due à l'avancée continuelle du désert dans les pays sahéliens et aux nombreuses coupes de bois anarchiques effectuées pour la cuisson des aliments (bois de chauffe), il est impératif de replanter. Certains pays incitent les populations à le faire, en créant une journée de l'arbre par exemple. Mais c'est encore notoirement insuffisant. Et il ne suffit pas de planter, il faut accompagner et protéger le petit arbre en s'en occupant tous les jours, en ayant préparé le sol avant, en l'ayant entouré d'épineux ou de grillage pour que les animaux ne le dévorent pas (moutons, chèvres, cochons), et en l'arrosant quotidiennement.

Père (dans l'expression « même père, même mère ») : les Africains étant souvent polygames, les enfants sont nombreux. Entre frères et sœurs beaucoup sont en fait des demi-frères ou des demi-sœurs, mais en Afrique on n'emploie pas ces termes et on dit « frères » ou « sœurs ». Et pour encore mieux expliquer les liens du sang, on précise alors « même père, même mère ». « Jean et Paul sont même père, même mère ». Cette expression existe aussi aux Antilles et à l'île de la Réunion.

Un peu, un peu : on entend cette expression cent fois par jour au Burkina-Faso. Elle est généralement la réponse à plusieurs questions : « Comment ça va? », ou plutôt : « Et chez vous? », qui précède : « Et le travail? ». « Un peu, un peu » signifie: « ça va ». À charge pour vous d'apprendre ensuite que votre interlocuteur/trice vient d'enterrer son père ou sa mère la veille et que son « enfant » a eu un accident de « moteur » et qu'il est plongé dans le coma depuis lors.

PIB : ce produit intérieur brut n'a pas toujours le sens économique bien connu, inclus dans la carte d'identité de tout pays. Il peut, comme au Burkina, désigner également une jolie femme...

Pierre noire : bien connue des religieux et de beaucoup d'autres personnes en Afrique, la pierre noire est très utilisée par les infirmiers et les infirmières de brousse pour soigner et souvent guérir des vilaines piqûres d'insectes ou morsures de serpents. Cette pierre, dont les secrets de fabrication sont parfaitement bien gardés, est réalisée par les Pères blancs, en Belgique. Et n'en sourient que les St-Thomas ignorants... Voir aussi Tradipraticiens.

Pili-pili : cf. Piment

Piment : s'il est vrai que le piment est à la base de l'alimentation africaine, beaucoup d'Africains n'en mangent pas du tout, parce qu'ils ne l'aiment pas ou parce qu'ils ne le supportent pas. En tout cas on le rencontre à peu près partout et sous des formes les plus variées : frais et cru, pilé, en purée avec sa pulpe ou en poudre sèchée (« pili-pili »), sous la forme d'une pâte qui ressemble à une sorte de confiture (mais non sucrée), voire mélangé à d'autres épices ou condiments. En purée, il se conserve parfaitement s'il est recouvert d'huile, dans un bocal en verre. Certains Africains qui ne le supportent pas, rarement à cause de son goût fort, mais plutôt à cause des effets secondaires qu'il peut induire du côté de l'estomac et des intestins, vous diront qu'après l'avoir ingérer « il faut qu'il passe à la douane... », quand d'autres l'utilisent pour se faire des lavements...

Pinasses : ces grandes pirogues que l'on rencontre sur le fleuve Niger, au Mali, peuvent avoir une trentaine de mètres de long, accueillir une centaine de passagers, plus quelques dizaines de tonnes de fret.

Pisser : vu et entendu une élégante passagère en quête des toilettes, dans l'aéroport de Ouaga, s'adressant à d'autres voyageurs en file d'attente : « Je veux pisser. Où on pisse ? » Voir également Uriner.

Plastique : c'est une autre des plus grandes plaies actuelles de l'Afrique, laquelle pourrait être aisément évitée : les sachets en plastique. Il y en a partout, par terre et même quelquefois dans les arbres ! C'est pourtant « proprement » très sale et tout à fait évitable. Il s'agit principalement des nombreux sachets contenant un liquide à boire : eau et jus, gingembre, piment ou bissap (oseille). Aussitôt le contenu bu, aussitôt le sachet jeté par terre. Il y en a vraiment partout en ville et partout en brousse. C'en est écœurant. Le pire est que ça ne choque absolument personne. Alors qu'il suffirait de jeter ces sachets dans des poubelles pour ensuite ou les détruire ou les recycler, ce que fait déjà quelqu'un au Burkina.

Plateau : 403, puis 404, puis 504 Peugeot, munie d'une plate-forme à l'arrière de la cabine et que l'on rencontrait partout en Afrique francophone et ailleurs. Le plateau pouvait se transformer en « bâchée » (nom indifféremment masculin ou féminin). La bâche s'installait sur une structure en bois ou en métal. Aujourd'hui les « plateaux » sont japonais (Toyota), Peugeot ayant cessé leur production. L'image de solidité est telle que les propriétaires de ces plateaux Peugeot les bichonnent religieusement.

Pluies : dans tous les pays sahéliens l'arrivée des pluies est, en plus d'un véritable bonheur qui procure d'immenses joies, *vitale !* Que seraient la France – et les Français –, voire l'Europe et les Européens, sans pluie pendant huit mois continus ? C'est, en gros, ce que dure la saison sèche au Burkina-Faso et au Mali, ainsi qu'aux nord-Bénin et nord-Togo. La saison des pluies court normalement de juin à septembre dans ces différents pays ou régions. Cette saison (des pluies) s'appelle « l'hivernage ». C'est naturellement pendant cette période que les paysans, qui composent 70 % à 80 % des populations de ces pays, sèment, cultivent et récoltent, pour toute l'année. Il arrive que les déficits en eau soient importants et que les récoltes ne soient pas bonnes du tout, donc très insuffisantes pour nourrir toute une famille une année durant. La période suivante la plus dure sera la « soudure », moment où le chef de famille a épuisé tous les greniers à mil et qu'il n'a plus rien pour nourrir sa nombreuse famille, jusqu'au début de l'hivernage suivant où

il pourra de nouveau semer, cultiver, et récolter. La seule solution qui s'offre à lui est de s'endetter, s'il le peut, en empruntant (généralement auprès d'un commerçant). D'où le travail ô combien précieux des ONG (Organisation non gouvernementale) qui participent, aussi, à la création de banques de céréales.
L'Afrique est, on le voit, un continent d'extrêmes où tout est, par trop souvent, excessif. La saison des pluies étant, dans tous ces pays, attendue avec impatience après huit longs mois de sécheresse intense, celle de 2003 a été trop abondante, beaucoup trop... Au Burkina des pluies diluviennes se sont abattues plusieurs fois par semaine, emportant avec elles le peu de bonne terre et faisant pourrir sur pied le mil qui commençait à pousser. Beaucoup de paysans n'ont rien récolté du tout et n'avaient plus de semences pour semer de nouveau. Au nord, à Dori, dans le Sahel, où la pluviométrie se situe généralement autour de 250 millimètres d'eau, elle a atteint, toujours en 2003, 750 millimètres et l'on a pu voir de très gros 4x4, dans certains endroits, avec de l'eau jusqu'à la base des essuie-glaces ! En revanche les barrages et retenues d'eau ont été bien remplis.

Point-Afrique : cf. Aviation

Porto-Novo : Porto-Novo est la capitale du Bénin, Cotonou en étant la capitale économique. Compte tenu du fait que Cotonou s'est énormément développée, que c'est dans cette ville que se situent l'aéroport, les ministères, le siège du gouvernement, les ambassades, les nombreux restaurants, les hôtels et le port, la confusion est naturelle. Et si Porto-Novo a beaucoup été oubliée, cela a eu le mérite de la préserver et de la laisser pure, authentique et bien moins polluée que Cotonou où la pollution atmosphérique par les gaz d'échappement des voitures et des « zemidjans » (taxis-moto) dépasse l'entendement. À Cotonou l'air est souvent « proprement » irrespirable et l'on y circule, à certaines périodes de l'année, dans un brouillard qui pique les yeux.
Par ailleurs la réfection de la capitale est bien entreprise. Par son passé historique bien fourni, Porto-Novo, où siège l'Assemblée nationale, peut se targuer de posséder certaines richesses patrimoniales et historiques de toute beauté, bien discrètement mises en valeur, mais pourtant

dignes d'un grand intérêt et que certains Béninois, voire Porto-Noviens ignorent encore. Il est à noter également que l'autoroute reliant Cotonou à Porto-Novo a quasiment « transfiguré » les déplacements entre les deux plus importantes villes du Bénin.
Porto-Novo reste tout de même une ville que la plupart de ses habitants quittent le matin pour aller travailler à Cotonou, ne la rejoignant que le soir, à la nuit tombée et affaires de la journée règlées.
Pour l'anecdote, un grand Porto-Novien, très amoureux et fier de sa ville, nous a un jour défini ainsi l'habitant de Porto-Novo : « Le Porto-Novien est simple, accueillant, gentil... et paresseux. »

Pose : dans la plupart des pays en question, « faire une pose » signifie prendre une photo (« 5. Afrique. Toute photographie », in Le Petit Larousse).

Prénom (1) : au Burkina les chefs d'État et certains hommes politiques sont fréquemment et affectueusement appelés par leur prénom. C'est ainsi que l'actuel président du Burkina, le PF (président du Faso), est appelé « Blaise » (COMPAORE) et que lorsqu'on évoque le premier président de la Haute-Volta d'alors, les gens parlent de « Maurice » (YAMEOGO). Si l'on vous parle de « Simon », il s'agit alors de Simon COMPAORE, maire de Ouagadougou. Un peu de la même façon l'actuel président du Mali est affectueusement appelé ATT (Amani Toumani TOURE). Un ancien président du Niger était, lui, appelé IBM (Ibrahim BARE MAINASSARA).
Prénom (2) : dans un tout autre registre que le paragraphe précédent, l'Afrique est l'occasion de renouer avec des prénoms chrétiens qui n'ont plus vraiment cours en France. C'est ainsi que l'on rencontre en quantité des Félicie ou Félicité, Léontine ou Laurentine, chez les femmes ; chez les hommes, nombreux sont les Ernest, les Théophile ou Théodule, les Justin, Achille, ou Hippolyte, Alphonse, Boniface ou Vincent de Paul.

Préparer : « Je m'en vais, il faut que j'aille préparer ». La femme qui tient ces propos annonce qu'elle doit rentrer pour préparer à manger. Est-il nécessaire de dire qu'en Afrique la cuisine est aussi délicieuse que variée ? Des poulets-bicyclette aux capitaines grillés, en passant par les brochettes, le « tô », plat national burkinabè composé d'une pâte de maïs de mil ou de sorgho, le « foutou », pâte d'igname, ou le poulet yassa, les fabuleux steaks, à la viande d'une rare tendreté, le tout agrémenté de merveilleux légumes frais, cette grande diversité culinaire et naturelle relève en plus de ce qu'on appelle en Europe une cuisine bio. Une précision est amusante à noter. Dans la plupart des très nombreux petits restaurants, la garniture est souvent annoncée comme plat et le plat, comme garniture : « frites au poulet », « haricots au steak », « frites à la dorade ».

Présentement : si, en Europe, les Africains sont souvent raillés avec ce mot, force est de constater qu'il est constamment employé, cent fois par jour, et par tout le monde.

Président : le président de la République est omniprésent dans l'ensemble des médias, quelquefois jusqu'à l'écœurement dans les journaux télévisés de certains États. Ses déplacements dans le pays sont abondamment commentés et ceux à l'étranger encore beaucoup plus, surtout en cas de visite officielle ou visite d'État. Au Bénin, familièrement, mais toujours avec beaucoup de respect, le président était appelé le « PR ». De la même façon, au Burkina-Faso, on entend quelquefois dire le « PF » (président du Faso).

Presse : si elle a souvent été « la voix de son maître » il faut reconnaître qu'aujourd'hui de nombreux journaux et radios d'obédiences riches, variées et pluriculturelles ont été créés. La liberté contrôlée est de mise et si certains journaux sont encore facilement suspendus, suite à un papier qui n'a pas plu en haut lieu, force est de constater que certains n'hésitent plus à dénoncer ouvertement ce qui ne va pas dans la conduite de l'État. Ces nouvelles libertés sont à inscrire au crédit des nouveaux pouvoirs. *Le Marabout* et le *Journal du Jeudi*, journaux satiriques burkinabè, en sont une parfaite illustration. Une ombre, et de taille, vient cependant noircir ce tableau. Le journaliste burkinabè Norbert ZONGO aurait été tué parce qu'à travers son journal, *l'Indépendant*, il dérangeait. Cette triste et regrettable histoire, toujours pas élucidée, n'arrête pas de gâcher la vie du Burkina...

Prudence (publicité gracieuse) : cf. Capote car « Prudence » est une marque de préservatifs.

Puits : ils sont absolument nécessaires, mais encore trop souvent insuffisants. Imaginerait-on, en Europe, aujourd'hui, de ne pas avoir d'eau courante du tout chez soi et de devoir parcourir, trop souvent encore, dix kilomètres aller, et à pied, pour en obtenir (laquelle n'est pas souvent potable) ? Mieux qu'un puits, mais beaucoup plus coûteux, un forage (cf. Forage).

Q
comme…

Quartiers : très curieusement ce terme désigne, dans les capitales et quelques grandes villes, certaines zones (banlieues ?) qui seraient 100 % africaines et où l'on ne rencontrerait aucun Européen, lequel n'aurait pas l'idée de s'y aventurer, en tout cas pas la nuit, et encore moins d'y résider.

Quinine : la plupart des médicaments utilisés pour soigner le paludisme sont à base de quinine.

Quo, quo, quo : onomatopée prononcée à haute voix, se substituant ou s'ajoutant au geste de frapper à une porte. Pourrait remplacer « toc, toc, toc ».

R
comme…

Reçu : l'Afrique est le continent par excellence des reçus en tout genre, sur toute sorte de papiers, de carnets à souche, dûment signés, parfois par plusieurs personnes, et largement tamponnés.

RFI, Radio-France internationale : « Vous écoutez RFI, merci d'écouter RFI, la radio du monde ». Cette radio est incontournable en Afrique, surtout si vous n'arrivez pas à la capter... Sinon elle vous permet d'être au courant de tout ce qui se passe dans le monde, ou presque. Et capter ces infos, quand vous êtes en pleine brousse, loin de tout, vous permet de vous sentir moins isolé de la planète, vous rapproche de l'Europe et de la France, et vous rend ou sérieux ou souriant ou triste... selon les événements relatés. Beaucoup d'Africains écoutent RFI. Parmi ceux-là on trouve des étudiants, des fonctionnaires, ceux qui ont voyagé en Europe, et particulièrement en France, ainsi que tous ceux qui, pour une raison ou une autre, marquent un attachement particulier avec la France. Entrer dans une concession où quelqu'un écoute – souvent religieusement – RFI, implique, de fait et tacitement de la part du visiteur, le respect dudit auditeur (cf. Concession).

Riz : il n'y a pas si longtemps le riz était encore rare et réservé à ceux qui en avaient les moyens. Et comment cultiver du riz dans des pays où il ne pleut pas? Et bien aujourd'hui, au Burkina par exemple, l'on en trouve partout ou presque. Pendant l'hivernage (la saison des pluies), le long des routes, dans des bas-fonds, l'on aperçoit des petites rizières. La plupart de ces rizières, intégrées dans un vaste programme rizicole, trouvent leur origine dans la coopération taïwanaise.

Rois : en Afrique, les rois (non chefs d'État), ou, plus rarement empereurs, sont nombreux. Certains chefs coutumiers sont apparentés à des rois. Ils ont leurs ministres qui les conseillent, ont une réelle autorité régionale, voire nationale, sont fréquemment consultés, très respectés et parfois craints. Le titre et la fonction sont souvent, mais pas toujours, héréditaires. On s'adresse à eux en leur donnant le titre de « Majesté ».

Rose-Croix : si la franc-maçonnerie est très présente en Afrique noire, les rosicruciens le sont tout particulièrement au Bénin.

Rougeole : nous l'avons vu, la maladie, grave, est malheureusement le lot quotidien des Africains, leur vie durant. Si le vaccin contre la rougeole existe depuis bien longtemps en Occident, et à un prix tout à fait raisonnable, il arrive encore que de jeunes Africains décèdent de cette maladie là. Saluons cependant les nombreuses campagnes de vaccinations qui sont régulièrement effectuées çà et là sur le continent. Excellente nouvelle : de 2000 à 2006 la mortalité due à la rougeole a chuté, en Afrique, de 90 %, selon des estimations de l'Organisation mondiale de la santé (OMS) !

Route (demander la) : demander la route (ou le chemin) signifie que vous demandez poliment à prendre congé des personnes qui vous reçoivent. « Je vais maintenant demander la route ».

S
comme…

Monsieur BIOKOU Salomon,
président du Conseil des Sages de Porto-Novo (Bénin)

Sacrifices : ils sont très nombreux selon les us et coutumes des ethnies. Ces rites, irrationnels et incompréhensibles pour certains Blancs peu au fait de leur signification, alors qu'ils existent ou ont existé dans la plupart des civilisations, consistent à tuer un animal qui peut être un poulet ou une pintade, un chevreau, voire un bœuf.

Safari : beaucoup de francophones utilisent fréquemment ce mot maintenant entré dans le français courant, souvent accolé au mot « photo » sans savoir qu'il vient du swahili, langue d'Afrique de l'Est (= expédition de chasse ou excursion photo).

Sage : un Sage, en Afrique, est un homme (et pas une femme, à notre connaissance) d'un certain âge qui, de ce fait, a acquis de l'expérience, voire l'Expérience, donc une certaine sagesse et qui est coopté ou élu au sein d'un conseil : le Conseil des Sages (quelquefois Conseil des Anciens). Cette autorité, établie et reconnue de tous, mais qui n'existe juridiquement pas, joue un rôle très important. Ce Conseil est régulièrement consulté, parfois même par le président de la République, et son président très respecté. Si son rôle est essentiellement consultatif, la « sagesse » de ses décisions fait que celles-ci sont souvent suivies.

Sahel : tristement d'actualité en Europe dans les années 1970, puis au cours de la décennie suivante, bien des Européens ont alors découvert ce mot, cette région, lors des terribles et inacceptables famines qui ont décimé tant de pays. Cette large bande d'Afrique s'étend, en gros, et d'ouest en est, du Cap-vert (archipel situé à l'ouest du Sénégal) jusqu'au Soudan, en passant par la Mauritanie, le Sénégal et la Gambie, le Mali, le Burkina-Faso, le Niger et le Tchad.

Salutations : elles sont multiples dans leurs formes, très importantes, et peuvent être renouvelées plus de dix fois, parfois avec la même personne et dans la même journée. Pour être bien concret, et surtout bien élevé, il est impératif de dire bonjour, de vive-voix et en lui serrant la main, à une personne que vous rencontrez pour la dixième fois de la journée, de la même façon que si c'était la première fois (sauf si vous travaillez avec elle). Dans la formulation la plus courante et tout en se serrant la main, il est indispensable de demander des nouvelles de la famille, du travail et de la santé de votre interlocuteur/trice. Il arrive même fréquemment qu'après avoir conversé quelques minutes l'on reprenne les salutations dans leur ensemble. À titre anecdotique, nous avons aussi entendu un jour des salutations commençant ainsi : « – Bonjour, ça va ? – On prend ses marques et on s'adapte ».

SANKARA : Thomas SANKARA est ce capitaine révolutionnaire et frère (de cour, cf. Frère) de Blaise COMPAORE, actuel président du Burkina-Faso, qui a pris le pouvoir dans ce même pays par un coup d'État, le 4 août 1983 et l'a gouverné jusqu'au 15 octobre 1987, jour où il a été assassiné. Pendant cette révolution tout document ou lettre officiels se terminaient par la « jolie » formule « La Patrie ou la mort ? Nous vaincrons. », formule originale, prise à Cuba et qui était devenue la devise du pays. À la même époque, le visiteur qui arrivait à l'aéroport de Ouaga était accueilli par un grand panneau où était écrit : « Bienvenue au Burkina-Faso, tombeau de l'impérialisme ». Thomas SANKARA a débaptisé l'ex-Haute-Volta pour l'appeler le Burkina-Faso (« La patrie des hommes intègres », tout un programme...), a changé le drapeau et l'hymne national, a prononcé aux Nations unies un discours qui a fait date et que certains Burkinabè peuvent encore vous réciter, mot pour mot, en version intégrale ou abrégée. Thomas SANKARA a cherché à responsabiliser chaque Burkinabè pour qu'il soit acteur de sa vie et qu'il (lui et donc tout le pays) ne dépende pas des autres, ... les impérialistes. Pour mémoire, pendant cette époque révolutionnaire étaient extrêmement taxés à l'importation certains produits réputés impérialistes, tel le chlore, produit utilisé pour les piscines. Il a imposé le sport quotidien dans les rues, le respect des horaires de travail dans la fonction publique et a voulu valoriser les productions burkinabè, comme par exemple, les vêtements traditionnels de fabrication purement locale. Il a également fait raser un quartier insalubre de Ouaga et plusieurs cités, An 1, An 2, An 3, virent le jour. En revanche, pendant la révolution apparut une attitude tout à fait opposée au caractère des Burkinabè : la délation. C'était une horreur, heureusement disparue à ce jour. Aujourd'hui les Burkinabè ont, à son sujet, un avis très tranché et sont ou pour ou contre lui, de façon catégorique et jamais neutre. À l'époque plusieurs agriculteurs burkinabè, peu versés dans la politique, mais comme simples citoyens observateurs de celle-ci, nous avaient fait cette prédiction/confidence qui s'est avérée par la suite tout à fait exacte : « Il est arrivé par le sang, il partira par le sang ».

Secteur (dans « secteur informel ») : des petits cireurs aux « tabliers », ces vendeurs de confiserie et de cigarettes à l'unité que l'on rencontre à l'entrée des restaurants ou de certaines boutiques, qui se « débrouillent » pour subsister, ces multiples « petits métiers » (qui échappent naturellement tous à l'impôt) permettent à la plupart des États d'Afrique francophone de ne pas être en révolution permanente. Le secteur informel constitue en quelque sorte de bien précieuses soupapes de sécurité, sociales et populaires. Pour être un peu plus complet, faire couler la bière à flot en est une autre qui, quelquefois, devient strictement nécessaire. En revanche et comme nous venons de le voir, la contrepartie de ce secteur informel est que s'il permet en partie d'acheter une certaine paix sociale, il échappe à la plupart des taxes de l'État.

Séminaires (1) : c'est actuellement la grande mode. L'administration et le privé envoient de plus en plus leur personnel en séminaires. Ces derniers permettent de travailler et de se ressourcer en changeant d'air et en cassant le rythme quotidien du travail. C'est, de ce point de vue, un plus incontestable.
Séminaires (2) : les séminaires (écoles formant les futurs prêtres) sont réputés en Afrique. La qualité de leur enseignement et les aléas de la vie font qu'ils ont formé et forment encore beaucoup d'hommes qui ne sont pas forcément devenus, ou ne deviendront pas, prêtres.

SENGHOR : comment parler du continent africain, et de l'Afrique de l'Ouest en particulier, sans citer le président-poète du Sénégal, Léopold SÉDAR-SENGHOR, décédé en 2002, qui avait décidé de lui-même de quitter le pouvoir, ce qu'il fit en 1980. Chantre de la « négritude », amoureux et grand défenseur de la langue française, élu à l'Académie française, marié en seconde noce à une Normande, il s'est éteint en Normandie. Ni le Premier ministre, ni le président de la République française n'ont jugé bon d'effectuer le déplacement de Dakar, lors de ses funérailles nationales...

Service : ce mot désigne le lieu de travail où l'on « monte », le matin et d'où l'on « descend », le soir en le quittant : « Je descends du service à 18 heures nuit ».

Sida : si l'on veut bien écarter aussitôt l'idée que, pour beaucoup d'Africains cette maladie a été apportée en Afrique par les Blancs et que pour beaucoup de Blancs elle est arrivée d'Afrique, d'une part, et qu'elle est une malédiction-punition divine, d'autre part, il faut mettre tout en œuvre pour lutter contre cette pandémie qui fait des ravages injustes dans le monde entier. Compte tenu du coût du traitement, force est de constater que ce dernier est quasiment inaccessible à la plupart des Africains, en dépit de certaines améliorations tangibles récentes. Certains pays sont ou vont être décimés de leur force vive. Et que dire de ces nouvelles générations d'orphelins dont les parents sont morts du sida? Nous devons tous œuvrer, à notre manière, pour qu'un jour un vaccin efficace soit trouvé et puisse alors régler définitivement les dégâts jusqu'ici irréparables, dans le monde entier, de cette pandémie. Et n'oublions pas que, ce vaccin une fois découvert, il devra, de par son coût, être impérativement accessible à tous, et partout dans le monde.

Siester : « Qu'est-ce que tu faisais ? Je siestais ».

Sigle : de l'OUA (Organisation de l'unité africaine) devenue UA (Union africaine), à l'UMOA (Union monétaire Ouest africaine), en passant par la Cedeao (Communauté économique des États de l'Afrique de l'Ouest), ou la BAD (Banque africaine de développement), l'Afrique utilise quantité de sigles en tout genre qu'il n'est pas évident de comprendre. Surtout que certains se transforment, d'autres disparaissent et de nouveaux arrivent... Il y en a beaucoup et partout, dans tous les domaines. N'oublions pas les nombreuses ONG (Organisation non gouvernementale), les partis politiques, les multiples organisations régionales, continentales et internationales, ainsi que les sociétés commerciales. S'y retrouver n'est pas toujours des plus simples.

Silures : ces poissons-chats, à l'aspect peu sympathique, peuvent atteindre de grandes tailles et donc des poids respectables. Poissons d'eau douce, ils sont généralement pêchés dans certaines retenues, dans les marigots ou les fleuves. Il est à noter que le silure est un poisson qui n'a pas d'écaille.

Simon : au Burkina-Faso, et à Ouaga en particulier, l'on entend fréquemment parler de Simon. Il s'agit de Simon COMPAORE, maire de Ouagadougou, la capitale.

Simple : si, dans une « cafétéria » en tôles du bord de la route, vous commandez un simple, on vous servira un café sans lait concentré (cf. Café).

Centre Songhaï : situé à Porto-Novo, avec son pendant plus haut dans le pays, ce centre de formation agricole vaut véritablement le détour. Les stagiaires apprennent l'élevage, la culture, la pisciculture et bien d'autres disciplines agricoles avec les moyens présents en Afrique et au village. Ils sont formés dans le but de pouvoir créer leur propre entreprise, une fois rentrés chez eux, au village. Le visiteur peut y déjeuner et déguster les produits du centre. On peut même y coucher. Le centre Songhaï a été créé par le frère NZA, homme remarquable, Nigérian d'un grand charisme, persévérant et d'une efficacité indiscutable.

Soudan français : à ne pas confondre avec le Soudan actuel dont la capitale est Khartoum et dont l'une des provinces est tristement d'actualité depuis quelques années, le Darfour. Le Soudan français est l'ancien nom que portait l'actuel Mali (capitale Bamako) du temps de la colonisation, de 1920 à 1958.

Sous-région : ce terme est très fréquemment utilisé et désigne les pays d'Afrique subsaharienne de l'Ouest. Il existe cinq zones géographiques sur le continent (Afrique du Nord, Afrique de l'Est, Afrique de l'Ouest, Afrique centrale, Afrique australe) plus l'océan Indien.

Sucrerie : une sucrerie désigne les sodas, en général. « Qu'est-ce que vous buvez ? – Je vais prendre une sucrerie. » Voir également à « Jus ».

T
comme…

Tabliers : les tabliers sont ces jeunes enfants, plutôt des garçons, que l'on rencontre à l'entrée des buvettes, des restaurants ou de certains commerces, assis face à leur table en bois et qui vendent des bonbons et des cigarettes, à l'unité.

« **Et tac !** » **:** onomatopée employée et lancée au Burkina-Faso par une personne bien connue sur la place, pour terminer, en les ponctuant, certaines phrases : « C'est entendu, nous nous revoyons lundi prochain, à 15 heures. Et tac ! » D'un milieu restreint et tout à fait amical, celui-ci tendrait à s'agrandir. Cette expression pourrait être promise à un riche avenir...

Tailleur (1) **:** ce métier est extrêmement courant sur le continent et est essentiellement exercé par les hommes. Les femmes sont alors des couturières. La clientèle du tailleur n'est pas du tout la même qu'en France. Presque tout le monde va se faire réaliser, un jour ou l'autre, des habits sur mesure, chez le tailleur.

Tailleur (2) **:** les tailleurs de pierres existent également. Nous pensons tout particulièrement à ceux de la carrière de Soukourlaye, sur la route de Bobo (Burkina), qui taillent, de leurs mains et à l'aide d'une simple et courte pioche, les pierres de latérite dans ces carrières impressionnantes, en pleine chaleur et sous un soleil de plomb. C'est un véritable travail de forçat.

Tampon ou tamponner (1) : tout reçu et toute facture doivent être dûment tamponnés. Et en Afrique on s'y entend !
Tamponner (2) : « Il a été tamponné » signifie que quelqu'un a été renversé par un véhicule.

Tapettes : il s'agit tout simplement de chaussures, nu-pieds du type des tongs ou claquettes. Il est intéressant de noter que si la plupart des Africains se déplaçant à bicyclette pédalent en prenant appui sur les talons et non sur la pointe des pieds, c'est vraisemblablement à cause du port de ce type de chaussures.

Taxi ou Taxi-brousse : le taxi circule et reste en ville tandis que le taxi-brousse peut effectuer des courses de plus de 1 000 km. Le principe de base d'un taxi-brousse, quelle que soit sa capacité, est qu'il n'a jamais

d'horaire de départ ; le matin, à la gare routière, il ne démarrera qu'une fois qu'il n'y aura plus une seule place de disponible. C'est peu dire qu'il est plus que surchargé en passagers, lesquels ne voyagent pas mais déménagent véritablement, avec, faisant partie des « bagages », des poules, des pintades, des moutons, des « moteurs » et des motos. L'ensemble de ces bagages trouve « naturellement » sa place sur la galerie du véhicule, très souvent en compagnie de l'apprenti qui peut – nous l'avons déjà vu – avoir enfourché l'un des cyclomoteurs, pardon l'un des

« moteurs », pendant que le taxi roule à vive allure... Depuis quelques années de nombreuses compagnies de cars ou d'autobus ont été créées. Une variante des taxis est à noter : le taxi-moto ou « zemidjan ». Que serait le Bénin sans ses zemidjans, si pratiques pour se déplacer à moindre coût, en ville, d'un point à un autre? À quand cette souplesse dans les déplacements urbains, dans les autres pays?

Télécentre : les télécentres ont fleuri un peu partout ces dernières années. Ouvertes en continu ces boutiques très pratiques permettent de téléphoner, jusque tard dans la soirée, parfois jusqu'à 23 heures. Leur inconvénient majeur est l'absence totale de confidentialité dans les conversations. Il s'agit de simples cabines en bois, dans une boutique, le plus souvent sans plafond. L'exiguïté des locaux dans lesquels se trouvent ces cabines, la non isolation phonique de celles-ci et la chaleur qu'il y fait, font que la plupart du temps vous laissez la porte ouverte. De toute façon, avec ou sans porte, tout le monde participe à votre conversation, ce qui ne dérange personne. Encore plus pratiques certains télécentres comportent un ordinateur et une photocopieuse qui permettent la saisie de documents et leur photocopie. L'ouverture d'un tel télécentre crée alors deux emplois, souvent féminins, un pour la personne qui contrôle le nombre d'unités téléphoniques consommées et un autre pour la secrétaire qui saisit les textes. Au Bénin ils sont souvent beaucoup plus conséquents et portent le nom plus pompeux de « business centers ».

Tenue : une tenue est l'habillement traditionnel local, quand il ne s'agit pas du boubou. Elle peut comporter trois pièces. « Dis donc, aujourd'hui tu portes une très belle tenue ».

Termes de l'échange : les termes de l'échange correspondent, en gros, à la différence qui existe entre le montant des exportations et celui des importations d'un pays. À cette occasion on parle souvent de la « détérioration des termes de l'échange ». Nous ne pouvons résister à l'envie de citer ce qui est admis comme étant arrivé au président SENGHOR, à qui, lors d'une audience, un interlocuteur se plaignait de la « détérioration des termes de la chance...».

Termitières : les termites, nom… masculin, construisent des termitières que l'on croise çà et là en brousse et qui peuvent atteindre plusieurs mètres de haut. Certaines sont spectaculaires.

Tô : le tô est le plat national burkinabè. Il consiste en une pâte, à base de maïs, de mil ou de sorgho, que l'on mange avec une sauce plus ou moins épicée. Par extension on parle de la « pâte ». « Je vous invite à venir manger la pâte ».

Togo : le Togo a pour capitale Lomé. Petit pays de 56 785 km^2, il a une population d'un peu plus de 4 millions d'habitants dont 46 % sont animistes, 28 % catholiques, 17 % musulmans et 9 % protestants. Il s'étend sur 600 km du nord au sud et sur 50 km à 150 km d'ouest en est. La végétation et le climat s'apparentent à ceux du Bénin, avec trois zones bien distinctes, le sud, le centre et le nord. Depuis janvier 1967 le pays était gouverné d'une main de fer par le général Gnassingbé EYADEMA, jusqu'au décès de ce dernier, le 5 février 2005. À son décès les Togolais de moins de 38 ans n'avaient jamais connu d'autre président ! Les graves problèmes politiques de plus en plus aigus, où le président se fâchait régulièrement avec ses Premiers ministres, influaient énormément sur l'activité économique du pays. Lomé a ainsi perdu la place de capitale régionale qu'elle avait il y a une trentaine d'années, capitale d'un pays alors modèle (Ouagadougou l'a, depuis, largement remplacée). Du même coup elle a ainsi perdu son crédit moral. La devise du pays est : « Travail, Liberté, Patrie ». Depuis, le Togo est gouverné par l'un des fils du général, Faure GNASSINGBE. Le Togo est entouré par le Ghana, le Burkina-Faso et le Bénin. Lomé possède un port en eau profonde.

Toilette : le langage parlé veut que l'on utilise plutôt ce mot au singulier. « Je vais à la toilette. »

Tombouctou : mot magique, ce nom fait partie d'une liste de noms de ville dont chacun a déjà entendu parler au moins une fois, sans savoir où ni pourquoi, qui en contient pas mal d'autres, comme Ouagadougou, Tobrouk ou Zanzibar, Valparaiso, Syracuse ou Caracas, Carthage, Djakarta, ou Anchorage, et que peu de personnes peuvent situer sur un atlas... En tout cas Tombouctou est une ville du Nord du Mali, de la sixième région, qui a eu son apogée au XIIIe siècle grâce à son université de théologie (en même temps que Djenné, ville également malienne) et dont le rayonnement allait jusqu'aux pays de la Méditerranée. Le Français René CAILLIE y était en 1828 et a contribué, depuis, à la faire connaître en Europe.

Total, le pétrolier (publicité gracieuse) : très présent en Afrique, un slogan fleurit sur des poubelles posées sur les terre-pleins centraux de certaines avenues de Ouagadougou : « Total embellit Ouagadougou ».

Tourisme : il n'y a pas si longtemps le tourisme était quasiment inexistant en Afrique de l'Ouest (hormis au Sénégal, pays qui a misé dessus depuis bien longtemps, et a donc investi en conséquence), en dépit de ce que pouvaient soutenir les autorités de ces pays. Il y a quelques années pourtant, et en insistant énormément, une agence de tourisme européenne à qui vous répondiez négativement malgré son insistance à vous offrir le Sénégal ou le Kenya, pouvait peut-être vous proposer un « Togo-Bénin ». Les responsables de ces pays ne voulaient pas comprendre pourquoi les touristes européens boudaient quelque peu leurs superbes pays où il fait toujours beau et chaud, sans décalage horaire majeur par rapport à l'Europe, dont certains catalogues officiels vantaient « la Suisse de l'Afrique ». Ces responsables faisaient mine d'être étonnés quand on leur disait que pour que le tourisme rapporte un jour un peu, voire beaucoup d'argent, et la France en sait quelque chose, il faut d'abord investir de façon conséquente – donc dépenser – entre autres dans du « réceptif » (structures d'accueil), de la formation, des études de marchés, pour bien cibler la clientèle potentielle, en recensant les atouts du pays susceptibles de retenir l'attention du touriste, du voyageur, voire de l'homme d'affaires. Et répondre benoîtement que l'Afrique et les Africains étaient naturellement accueillants et de tradition hospitalière n'était tout de même pas suffisant et un peu léger de la part de personnes qui se voulaient professionnelles et responsables. Aujourd'hui tout cela a bien changé. Des efforts ont été consentis par certains pays qui ont su proposer des codes des investissements plus souples afin que des nouvelles structures d'accueil puissent voir le jour. Et les États ont progressivement cédé (du travail reste encore à faire) la gestion d'unités hôtelières aux privés. Lesquels, Africains et Européens, ont pris de gros risques dans ce domaine, en investissant en Afrique. Et d'un tourisme militant que l'on rencontrait avant, apparaît un tourisme plus classique, qui rapporte et continuera de le faire à condition de rester très professionnel et vigilant. Mais il faut absolument garder présent à l'esprit qu'une des règles d'or du tourisme est d'abord la stabilité politique. Ensuite il ne faut jamais oublier que les trois premières personnes que rencontre un touriste, un voyageur en arrivant dans un pays, sont les trois fonctionnaires suivants : le policier qui contrôle votre passeport, le fonctionnaire du service de santé qui vérifie votre carnet de vaccinations et le douanier qui contrôle vos bagages. Et il n'est pas dans le rôle de ces derniers d'avoir la bonhomie de ces paysans naturellement hospitaliers qui vous accueillent au village le sourire aux lèvres... De plus, s'il y a l'excitation et la joie d'arriver dans ce nouveau pays que l'on a choisi de visiter – et où l'on va dépenser son argent – il ne faut surtout pas mésestimer la fatigue afférente aux nombreuses heures du voyage en avion. Il en est de même pour les contrôles policiers et douaniers aux entrées terrestres. D'où la nécessité de ne pas faire durer trop longtemps ces formalités de débarquement (id. pour l'embarquement), indispensables, mais souvent fastidieuses pour chaque partie, surtout si elles se passent de nuit, et d'avoir pour cela des fonctionnaires bien formés. Et ce qui est vrai pour l'Afrique l'est naturellement pour l'Europe, – et la France – en particulier... (voir aussi Visa).

Tradipraticiens : ces personnes soignent en utilisant des potions et des onguents très souvent réalisés à partir de plantes médicinales locales. Les recettes ont généralement été transmises au tradipraticien par son père ou sa mère. Ignorant forcément ce qu'ils font, sans même oser une légitime curiosité qu'impose toute démarche intellectuelle honnête, certains médecins blancs – qui connaissent tout – se plaisent à les dénigrer, par principe, par bêtise, beaucoup par ignorance, et bien stupidement.

Train : prendre le train en Afrique est une expérience que l'on se doit de vivre. Que ce soit au Burkina, en Côte-d'Ivoire, au Bénin ou au Mali, pour les pays qui nous concernent, on ne connaît pas bien l'Afrique si on ne l'a pas pris au moins une fois. Depuis Ouagadougou, le train traverse le pays pour aller en Côte-d'Ivoire jusqu'à Abidjan, soit 1 200 km. Au Bénin, il part de Cotonou pour aller à Parakou, soit 418 km. Au Mali il quitte Bamako pour relier Kayes (500 km), ou Kita (185 km), ou Dakar (Sénégal). L'expérience est toujours enrichissante. Les haltes dans les multiples petites gares de brousse sont de vrais moments de plaisir quand les habitants, entendant le train arriver, accourent pour vendre des légumes, des fruits, de la viande ou des boissons. L'activité de ces villages est rythmée sur les « horaires » des trains. Le train est incontournable dans la découverte de ces pays.

Travail : « Et le travail ? » Cette simple question, commune ailleurs, s'impose d'office dans les salutations en Afrique, en général juste après « Et la famille? (ou « Et chez vous? »), et la santé? » À noter une variante : « Et ce travail ? » Si c'est vous qui posez cette question, neuf fois sur dix la réponse sera : « Un peu, un peu », ce qui peut tout à fait signifier que tout va bien de ce côté là ou que votre interlocuteur ne travaille pas, parce que « Ah, en tout cas, y en a pas ! »

U
comme...

Uriner (souvent prononcé, voire écrit « uruner ») : en Afrique on ne fait pas « pipi »; on « urine » ou on « pisse », tout simplement. D'où ces très fréquentes consignes peintes sur beaucoup de murs d'enceinte : « Interdit d'uriner », « Défense de pisser » (ou « picer », comme vu à Koupéla, au Burkina-Faso). Cette consigne est souvent suivie de : « Amende 1 000 F » (ou « amande », comme sur le mur d'enceinte de la Cour suprême de Ouaga), ou beaucoup plus, comme les 3 800 F demandés, un peu plus loin, sur le même mur de la Cour suprême (cf. Pisser).

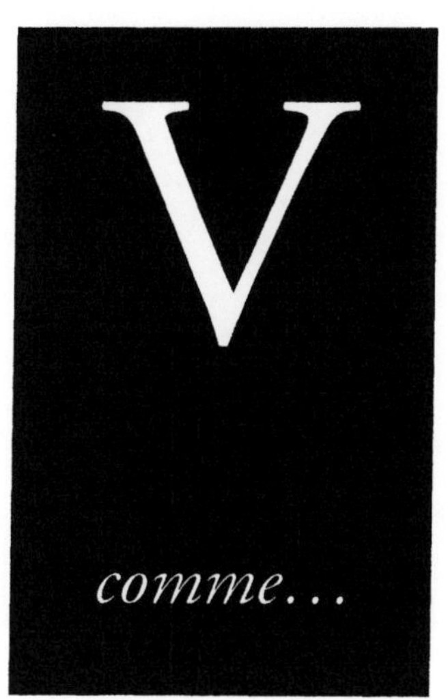
V
comme…

Vaginage : même si ce mot relève de l'anecdote et prête à sourire, nous l'avons entendu de multiples fois et continuons de l'entendre. Seul le contexte permet de rectifier une prononciation (ou une écoute) erronée – car difficile – et prêtant à confusion, ou à une totale incompréhension puisqu'il s'agit, en fait, du mot… « voisinage »!
À ce sujet s'il arrive que des Européens ne comprennent pas bien certains Africains, à cause de leur accent et de leur prononciation, le contraire est tout aussi fréquent. Ces derniers ont alors l'élégance de n'en rien paraître et de rarement nous faire répéter…

Valoir (ou, plus exactement, « ne pas valoir ») : une formulation du type de celle-ci s'entend fréquemment : « Ça vaut pas le 15 octobre ». Ce qui signifie : « D'ici au 15 octobre » ou « Ça ne dépassera pas le 15 octobre. » Une formulation du même type est utilisée avec le verbe « faire » (cf. Faire).

Vaudou ou vodoun : le vaudou est très présent dans la vie quotidienne des Béninois. Les exercices magiques, les sacrifices rituels et les croyances étonnantes qu'il implique n'empêchent nullement, paraît-il, la pratique d'une religion, type monothéiste, en parallèle.

Vautours : on voit beaucoup de vautours au Burkina où ils jouent, avec les cochons, un rôle d'éboueurs non négligeable.

Véhicule : le mot voiture n'est pas ou peu utilisé. La variante nouvellement apparue est le « 4x4 », symbole de puissance, où le conducteur se sent valorisé, qu'il en soit ou non le propriétaire.
On entend donc que l'on a eu une « panne de véhicule », qu'il faut remettre du « carburant dans le véhicule », ou qu'il faut « ressouder le véhicule ».

Vélo : il est en effet peu courant d'entendre le mot « bicyclette ».

Ventilée (1) : dans les maisons, au restaurant ou à l'hôtel, les pièces sont, soit « ventilées », soit « climatisées ». Une chambre ventilée comporte un « brasseur d'air » ou ventilateur. Une chambre climatisée

possède un climatiseur ; les derniers modèles étant des « splits », prenant moins de volume et étant quasiment insonores. À l'hôtel, la chambre climatisée est naturellement la plus chère des deux.
Ventilée (2) (robe ventilée) : simple robe, se portant moins serrée qu'un pagne, et permettant une ventilation plus adéquate.

Vernaculaires : les langues vernaculaires sont les langues africaines traditionnelles. Elles sont bien sûr très nombreuses et incontournables.

Verres : dans la plupart des pays d'Afrique de l'Ouest, qu'elles soient de vue ou de soleil, les lunettes sont appelées des « verres ».

Vieux, vieille : si, en Europe, la vieillesse est une phase que l'on souhaite vivre le plus tard possible, pour les Africains c'est d'abord une richesse, avec tout le respect et parfois la vénération qu'elle sous-tend envers celui (celle) qui est devenu un « sage » (cf. Sage). D'où la superbe et devenue fameuse réflexion de l'écrivain-penseur-diplomate et sage malien, Ahmadou HAMPÂTÉ-BÂ : « En Afrique, quand un vieillard meurt, c'est une bibliothèque qui disparaît ». N'oublions pas que sur ce continent la tradition est encore, et sans doute pour encore un bon moment, essentiellement orale. Le « vieux », la « vieille » ; ces deux termes ponctuent quotidiennement la vie familiale de quiconque accède à un âge certain. Ils désignent, avec une infinie tendresse filiale et un profond respect, le « père » et la « mère ». Il n'y a, bien évidemment et on l'aura compris, aucune espèce de connotation péjorative. Ainsi on vous dira : « Je vais au village voir ma vieille qui est malade ».

Village : le village constitue l'origine, les racines, la référence indélébile qui marque chaque Africain, tout au long de sa vie, jusqu'à sa mort. Il en vient pour, un jour, y retourner. Il est le point de repère qui régira toute décision majeure de son existence. Très souvent celui du père implique aussi tous ses enfants, leur vie durant. Chaque événement important de la vie, vécu ailleurs que là, doit avoir sa manifestation au village, quand il n'en dépend pas. Et être originaire d'un village n'empêche nullement de voyager loin, d'aller travailler et de résider ailleurs. Il arrive qu'aujourd'hui, certains, en ville, fassent mine de l'ignorer, en dépit du fait que l'urbanisation sauvage commence à commettre des dégâts, peut-être irréparables quant à la structure familiale, donc sociale.

Visa : les visas sont maintenant en vigueur depuis quelques années entre l'Europe et l'Afrique. Il est absolument nécessaire de bien former le personnel consulaire qui les délivre et qui reçoit les demandeurs, car le zèle que mettent certains fonctionnaires, lors de ces démarches est profondément stupide quand il n'est pas quelquefois inutilement dégradant… et, pas tout à fait gratuitement, humiliant.

Vivrières : les cultures vivrières sont les cultures traditionnelles de base.

Voyage : même si l'expression est parfois galvaudée, elle est tout à fait criante de vérité : un Africain ne voyage pas, il… déménage ! On nous a rapporté qu'un jour, à l'embarquement de Roissy, des personnes se sont présentées avec une pierre tombale… Sinon il n'est qu'à voir la quantité et la diversité des « bagages » que transportent les taxis-brousse que l'on croise partout sur le continent. Voir également « taxi ».

Voyager : « – Fatimata n'est pas là ? – Non, elle a voyagé ». Ce voyage peut tout simplement signifier que Fatimata est partie au village, à quelques kilomètres de là, ou à des centaines de kilomètres, dans le pays d'à côté, en Europe, en Amérique ou en Asie…

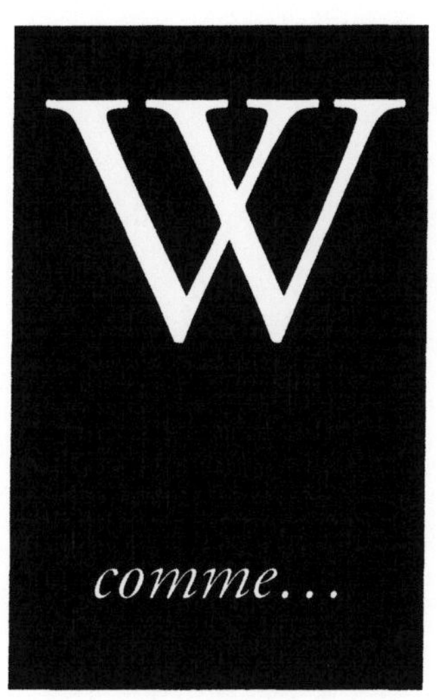
W
comme…

Abdoulaye WADE : le président Abdoulaye WADE, du Sénégal, qui a succédé au président Abdou DIOUF, est un avocat libéral, adepte du « sopi », le changement. Après de longues années comme opposant pendant lesquelles il alterna la prison avec un poste ministériel, il accéda ensuite à la magistrature suprême grâce à des élections démocratiques qui ont permis l'alternance politique naturelle. Son prédécesseur, le président Abdou DIOUF, s'est alors incliné. Il est également l'un des cofondateurs du Nepad (Nouveau partenariat pour le développement de l'Afrique, cf. Nepad).

X
comme…

X : comme les films du même nom que l'on vous propose maintenant en DVD dans les rues de Ouaga, soigneusement mélangés à des CD de musique…

Y
comme…

Yamaha-dame : mot masculin et publicité gracieuse ! Ce cyclomoteur japonais, principalement adopté par les femmes, que l'on rencontre par centaines et qui coûte pourtant une somme bien rondelette, s'appelle également, au Bénin tout comme au Burkina, un « mon mari est capable ». Ce qui signifie que le mari a les moyens d'offrir ce cyclomoteur à sa femme... ou à une autre (laquelle, dans ce cas, est alors appelée « deuxième bureau » ou « troisième bureau », ou plus). Voir également à Capable.

Yovo : au Bénin « Yovo » signifie « Blanc », dans la langue fon. Au Burkina les Blancs sont appelés « Nassara ».

Z
comme…

Zaka : à Ouagadougou le projet Zaka, décidé par le maire, Simon COMPAORE, consiste à démolir les anciens bâtiments insalubres du centre-ville afin de reconstruire dans de meilleures conditions sanitaires.

Zemidjans : au Bénin ce sont des taxis-moto. Ils sont très pratiques, d'un prix abordable et beaucoup plus agréables à utiliser à Porto-Novo qu'à Cotonou, car les conducteurs y sont, tout simplement, et de loin, bien plus aimables.

Norbert ZONGO : ce journaliste burkinabè aurait été assassiné il y a quelques années parce que lui et son journal dérangeaient. Cette affaire n'a toujours pas été élucidée et empoisonne régulièrement, depuis lors, la vie burkinabè.

Le clos de la plume
mars 2008

POSTFACE

En hommage respectueux à Tiken Jah Fakoly, à sa superbe chanson

« OUVREZ LES FRONTIÈRES »*

supplique d'un (des) Africain(s) aux Blancs. Je me joins à lui, à eux, reprenant strictement cette dernière et la faisant mienne, sous deux versions :

– **version 1,** je m'adresse à lui, l'Africain (les Africains) ;

– **version 2,** je m'adresse aux Blancs, les suppliant d'ouvrir leurs frontières !

Jean-Luc BLETTON

** Tiken Jah Fakoly, « L'Africain », 2007 BARCLAY*
2007 BARCLAY, un label Universal Music Sony/ATV Music Publishing France

OUVRONS LES FRONTIÈRES (version 1, à l'adresse des Africains)

En réponse et à la manière de

OUVREZ LES FRONTIÈRES
(Magyd Cherfi – Soprano / Tiken Jah Fakoly – Dave Kynner)

Ouvrons les frontières, ouvrons les frontières

Nous venons chaque année
l'été comme l'hiver
et vous nous recevez
toujours les bras ouverts
nous sommes chez vous chez nous
après tout peu importe
vous voulez partir alors
nous vous ouvrons la porte

Ouvrons les frontières, ouvrons les frontières

Du Cap à Gibraltar
vous êtes des milliers
à vouloir comme nous
venir sans rendez-vous
vous voulez voyager
et aussi travailler
mais vous on vous a
refusé le visa

Ouvrons les frontières, ouvrons les frontières

SOPRANO :
Vous aussi vous voulez connaître la chance
d'étudier, la chance de voir vos rêves se
réaliser, avoir un beau métier, pouvoir
voyager, connaître ce que nous appelons
liberté. Vous voulez que vos familles ne man-
quent plus de rien, vous voulez avoir cette vie
où l'on mange à sa faim, vous voulez quitter
cette misère quotidienne pour de bon, vous
voulez partir de chez vous car vous êtes tous en train
de péter les plombs !

Ouvrons les frontières, ouvrons les frontières
Nous vous laissons passer

Y'a plus une goutte d'eau
pour remplir votre seau
ni même une goutte de pluie
tout au fond du puits
quand le ventre est vide
sur le chemin de l'école
un beau jour il décide de prendre son envol

Ouvrons les frontières, ouvrons les frontières
Nous vous laissons passer

SOPRANO :
Ouvrons la porte, là-bas vous étouffez, vous êtes plein
à vouloir du rêve occidental, ouvrons la
porte, chez vous la jeunesse s'essouffle, nous voyons
que pour vous c'est vital !

Ouvrons les frontières, ouvrons les frontières
Nous vous laissons passer

Nous avons pris vos plages
et votre sable doré
mis l'animal en cage
et battu vos forêts
qu'est-ce qu'il vous reste
quand vous avez les mains vides
vous vous préparez au voyage
et vous vous jetez dans le vide

Ouvrons les frontières, ouvrons les frontières
Nous vous laissons passer

OUVRONS NOS FRONTIÈRES (version 2, à l'adresse des Blancs)

En réponse et à la manière de

OUVREZ LES FRONTIÈRES
(Magyd Cherfi – Soprano / Tiken Jah Fakoly – Dave Kynner)

Ouvrons nos frontières, ouvrons nos frontières

Nous y allons chaque année
l'été comme l'hiver
et ils nous reçoivent
toujours les bras ouverts
nous sommes chez eux chez nous
après tout peu importe
ils veulent partir alors
ouvrons leur la porte

Ouvrons nos frontières, ouvrons nos frontières

Du Cap à Gibraltar
ils sont des milliers
à vouloir comme nous
venir sans rendez-vous
ils veulent voyager
et aussi travailler
mais eux on leur a
refusé le visa

Ouvrons nos frontières, ouvrons nos frontières

SOPRANO :
Eux aussi ils veulent connaître la chance
d'étudier, la chance de voir leurs rêves se
réaliser, avoir un beau métier, pouvoir
voyager, connaître ce que nous appelons
liberté. Ils veulent que leurs familles ne man-
quent plus de rien, ils veulent avoir cette vie
où l'on mange à sa faim, ils veulent quitter
cette misère quotidienne pour de bon, ils
veulent partir de chez eux car ils sont tous en train
de péter les plombs !

Ouvrons nos frontières, ouvrons nos frontières
Laissons les passer

Y'a plus une goutte d'eau
pour remplir leur seau
ni même une goutte de pluie
tout au fond du puits
quand le ventre est vide
sur le chemin de l'école
un beau jour il décide de prendre son envol

Ouvrons nos frontières, ouvrons nos frontières
Laissons les passer

SOPRANO :
Ouvrons la porte, là-bas ils étouffent, ils sont plein
à vouloir du rêve occidental, ouvrons la
porte, chez eux la jeunesse s'essouffle, nous voyons
que pour eux c'est vital !

Ouvrons nos frontières, ouvrons nos frontières
Laissons les passer

Nous avons pris leurs plages
et leur sable doré
mis l'animal en cage
et battu leurs forêts
qu'est-ce qu'il leur reste
quand ils ont les mains vides
ils se préparent au voyage
et ils se jettent dans le vide

Ouvrons nos frontières, ouvrons nos frontières
Laissons les passer

TABLE

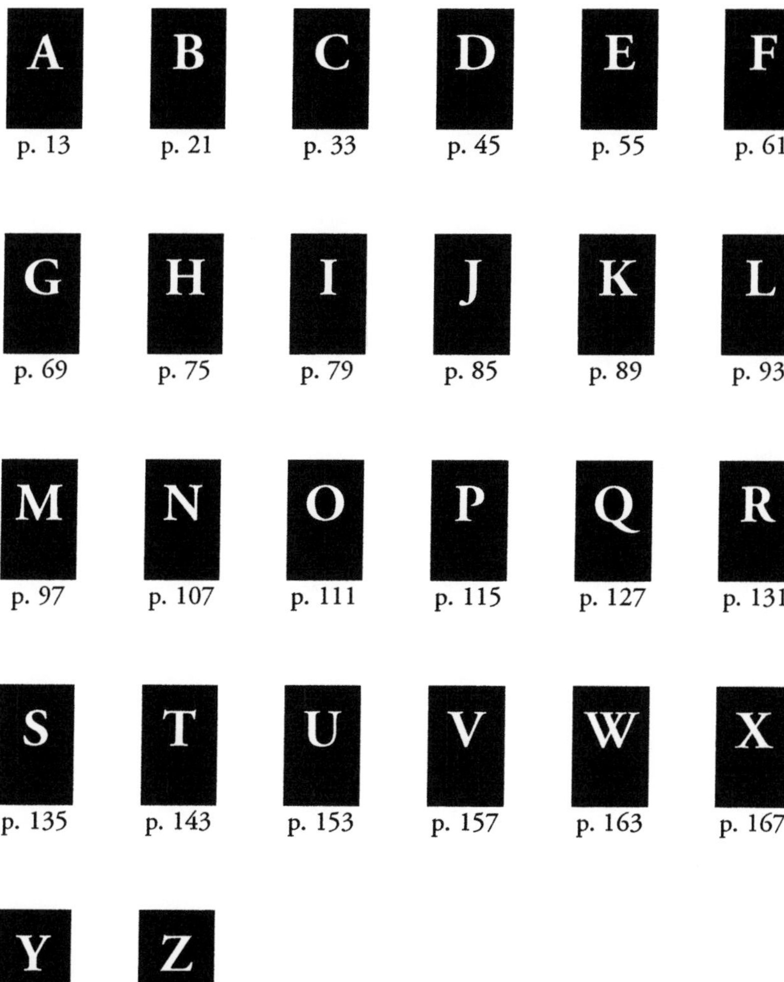

Illustrations
Couverture : aquarelle d'Hélène Bletton
Carte page 11 : Alain Nonon
Page 136 : acrylique & technique mixte d'Élise Bletton
Crédits photos
Jean-Luc Bletton :
pages : 16, 18, 26, 38, 101, 117, 155, 173
Alain Nonon :
pages : 15, 24, 30, 37, 40, 47, 48, 52, 57, 72, 95, 102, 126, 140, 145, 146, 151
et 4e de couverture
Maquette Alain Nonon

Marques citées gracieusement

Air France
Afrique magazine (Am)
Banzaï
Bic
Cica
Cocotte-Minute
L'Eau-Vive
Écofinance
Flag
Groupe Jeune-Afrique
L'Indépendance
Jardin d'ozone
Journal du Jeudi
Jumbo
Lotus
Marabout
Maggi
Mercedes
Nestlé
Peugeot
Point Afrique
Prudence
Ran Hôtel
Total
Toyota
Yamaha

L'HARMATTAN, ITALIA
Via Degli Artisti 15 ; 10124 Torino

L'HARMATTAN HONGRIE
Könyvesbolt ; Kossuth L. u. 14-16
1053 Budapest

L'HARMATTAN BURKINA FASO
Rue 15.167 Route du Pô Patte d'oie
12 BP 226
Ouagadougou 12
(00226) 50 37 54 36

ESPACE L'HARMATTAN KINSHASA
Faculté des Sciences Sociales,
Politiques et Administratives
BP243, KIN XI ; Université de Kinshasa

L'HARMATTAN GUINEE
Almamya Rue KA 028
En face du restaurant le cèdre
OKB agency BP 3470 Conakry
(00224) 60 20 85 08
harmattanguinee@yahoo.fr

L'HARMATTAN COTE D'IVOIRE
M. Etien N'dah Ahmon
Résidence Karl / cité des arts
Abidjan-Cocody 03 BP 1588 Abidjan 03
(00225) 05 77 87 31

L'HARMATTAN MAURITANIE
Espace El Kettab du livre francophone
N° 472 avenue Palais des Congrès
BP 316 Nouakchott
(00222) 63 25 980

L'HARMATTAN CAMEROUN
BP 11486
(00237) 458 67 00
(00237) 976 61 66
harmattancam@yahoo.fr

635902 - Décembre 2015
Achevé d'imprimer par